史记

卷二

【西汉】司马迁 著
李 楠 编译

高祖本纪（下）

【原文】

当是时，赵别将司马卬①方欲渡河入关，沛公乃北攻平阴②，绝河津，南，战雒阳③东，军不利，还至阳城④，收军中马骑，与南阳守齮战犨⑤东，破之。略南阳郡，南阳守齮走，保城守宛。沛公引兵过而西。张良谏曰：『沛公虽欲急入关，秦兵尚众，距⑥险。今不下宛，宛从后击，强秦在前，此危道也。』于是沛公乃夜引兵从他道还，更旗帜，黎明，围宛城三帀⑦。南阳守欲自刭。其舍人⑧陈恢曰：『死未晚也。』乃踰城见沛公，曰：『臣闻足下约，先入咸阳者王之。今足下留守宛。宛，大郡之都也，连城数十，人民众，积蓄多，吏人自以为降必死，故皆坚守乘城。今足下尽日止攻，士死伤者必多，引兵去宛，宛必随足下后，足下前则失咸阳之约，后又有强宛之患。为足下计，莫若约降，封其守，因使止守，引其甲卒与之西。诸城未下者，闻声争开门而待，足下通行无所累。』沛公曰：『善。』乃以宛守为殷侯，封陈恢千户，引兵西，无不下者。至丹水⑨，高武侯鳃、襄侯王陵降西陵⑩。还攻胡阳⑪，遇番君别将梅鋗⑫，与皆，降析、郦⑬。遣魏人宁昌使秦，使者未来。是时章邯已以军降项羽于赵矣。

【注释】

①司马卬：为赵将，后来项羽分封诸侯，卬为殷王，都朝歌（今河南淇县东北）。『卬』，『昂』的本字。②平阴：秦县，故地在今河南孟津县东北。县境有平阴津，为黄河渡口。③雒阳：即洛阳，故地在今河南洛阳市东北。④阳城：故地在今河南登封市东南告成镇。⑤南阳：秦郡，辖境在今河南西南部和湖北北部，在秦为大郡。治宛县，即今河南南阳市。齮：《史记》未载姓，据荀悦《汉记》姓吕。犨：秦县，故地在今河南鲁山县东南。⑥距：通『拒』。⑦帀：

同『匝』，环绕一周。⑧舍人：战国、秦和汉初王公贵官都有舍人，为左右亲近的人，后来为私属官称。⑨丹水：秦县，故地在今河南淅川县西南，南有丹水流过。⑩鳃：姓氏不详。⑪胡阳：即湖阳，故地在今河南唐河县西南湖阳镇。⑫番君：又作『鄱君』，即吴芮，曾为秦番阳（今江西鄱阳县）令，故称番君。后起义反秦，入汉封长沙王。事详《汉书》本传。梅鋗：吴芮部将，曾跟刘邦入武关，因配合项羽作战有功，项羽分封诸侯王时，被封为十万户侯。⑬析：聚邑名，故地在今河南西峡县。郦：秦县，故地在今河南南阳市西北。

【译文】

这时，赵将司马卬正要渡过黄河进入函谷关，沛公就北进攻打平阴，切断黄河渡口。向南进发，在洛阳东面交战，战斗不利，回到阳城，集中军中的骑兵，与南阳郡郡守齮战于犨东，打败了齮军。攻取南阳郡的城邑，南阳郡郡守齮逃走，退守宛县。沛公引兵绕过宛城西进。张良进谏说：『沛公你虽然急于打入函谷关，但秦兵还很多，又据守险要。如今不拿下宛城，宛城守军从背后攻击，强大的秦军在前面阻挡，这是一种危险的战术。』于是沛公就在夜间率兵从另外一条道路返回，更换了旗帜，天亮时，把宛城包围了三层。南阳郡郡守想要自杀。他的舍人陈恢说：『死的还早。』他就翻过城墙去见沛公，说：『我听说足下接受楚怀王的约定，先攻入咸阳的称王关中。现在足下停留守在宛城。宛城是大郡的治所，连城数十，人多粮足，官吏和民众认为投降肯定被处死，所以都登城固守。如果足下整天的留在这里攻城，士卒死伤的一定很多，如果引兵离开宛城，宛城守军必然跟踪追击。足下向前则失去先入咸阳的约定，后退又有强大的宛城守军为患。为足下设想，不如明约招降，封南阳郡守官爵，让他留守，足下带领宛城士卒一道西进。许多没有攻下的城邑，听到这个消息，争先打开城门，等待足下，足下可以通行无阻。』沛公说：『好。』

就以南阳郡守为殷侯，封给陈恢一千户。引兵西进，没有不降服的。到达丹水，高武侯鳃、襄侯王陵在西陵投降。回军攻打胡阳，遇到番君的别将梅鋗，与他一起，迫使析县、郦县投降。派遣魏人宁昌出使秦关中，使者没有回来。这时章邯已经带领全军在赵地投降项羽了。

【原文】

初，项羽与宋义北救赵，及项羽杀宋义，代为上将军，诸将黥布[1]皆属，破秦将王离军，降章邯，诸侯皆附。及赵高[2]已杀二世，使人来，欲约分王关中。沛公以为诈，乃用张良计，使郦生、陆贾[3]往说秦将，啖[4]以利，因袭攻武关[5]，破之。又与秦军战于蓝田[6]南，益张疑兵旗帜[7]，诸所过毋得掠卤[8]，秦人憙[9]，秦军解[10]，因大破之。又战其北，大破之。乘胜，遂破之。

【注释】

①黥布：即英布，六县（今安徽六安市北）人。②赵高：秦宦者，始皇时为车府令。始皇死于沙丘，赵高与丞相李斯谋立胡亥为二世皇帝。后又杀害李斯，自任丞相，专擅朝政，迫二世自杀，立子婴为秦王。子婴又杀死赵高。

③陆贾：楚人，刘邦的说客，常衔命出使诸侯，著有《新语》十二篇。事详《史记》《汉书》本传。④啖：引诱。

⑤武关：在今陕西丹凤县东南。⑥蓝田：秦县，故地在今陕西蓝田县西。⑦疑兵：虚设的兵阵。益张疑兵旗帜：多设疑兵和旗帜，目的在于造成虚假的声势，用以迷惑敌人。⑧卤：通「掳」。⑨憙：通「喜」。⑩解：通「懈」。

【译文】

起初，项羽和宋义北进援救赵，等到项羽杀死宋义，代替他为上将军，许多将领和黥布都从属项羽。打垮了秦将王离的军队，使章邯投降，诸侯都归附了他。等到赵高已经杀了秦二世，派人来见沛公，想要定约瓜分关中称王。沛公以为是诈骗，就采用张良的计策，派郦生、陆贾去游说秦军将领，用私利相诱，趁机袭击武关，攻破了关口。又和秦军在蓝田南面交战，增设疑兵，多树旗帜，所经过的地方不许掳掠。秦地的群众很高兴，秦军懈怠了，因此大破秦军。又在蓝田北面接战，再次打败秦军。乘胜追击，彻底打垮了秦军。

【原文】

汉元年十月①，沛公兵遂先诸侯至霸上②。秦王子婴素车白马③，系颈以组④，封皇帝玺符节⑤，降轵⑥道旁。诸将或言诛秦王。沛公曰：『始怀王遣我，固以能宽容；且人已服降，又杀之，不祥。』乃以秦王属⑦吏，遂西入咸阳⑧。欲止宫休舍，樊哙、张良谏，乃封秦重宝财物府库，还军霸上。召诸县父老豪桀曰：『父老苦秦苛法久矣，诽谤者族，偶语者弃市⑨。吾与诸侯约，先入关者王之，吾当王关中。与父老约，法三章耳：杀人者死，伤人及盗抵罪。余悉除去秦法。诸吏人皆案堵⑩如故。凡吾所以来，为父老除害，非有所侵暴，无恐！且吾所以还军霸上，待诸侯至而定约束耳。』乃使人与秦吏行县乡邑，告谕之。秦人大喜，争持牛羊酒食献飨⑪军士。沛公又让不受，曰：『仓粟多，非乏，不欲费人。』人又益喜，唯恐沛公不为秦王。

【注释】

①汉元年：即公元前206年。此年项羽分封诸侯，刘邦为汉王。十月：汉初沿用秦历，以十月为岁首。至汉武帝太初元年（前104年）改革历法，始以正月为岁首。②霸上：亦作『灞上』，因地处霸水西高原上而得名，在今陕西西安市东，接蓝田县界，为古代军事要地。③子婴：秦始皇之弟。素车白马：是一种丧人之服。④组：丝带。

⑤玺：秦以前，为印的统称。自秦始，皇帝之印称『玺』。汉代皇帝、皇后、诸侯王之印皆称玺。符：以竹、木、铜等制成，上刻有文字，分成两半，双方各执一半，上面传达命令或调兵遣将时，双方合符以检验真假。节：古代使者所持，以作凭证。用竹木或金属制成，上有旄饰。⑥轵道：亭名，在今陕西西安市东北。⑦属：交给，托付。⑧咸阳：秦都，故地在今陕西咸阳市东北。⑨弃市：一种刑法。即在市场中当众处死，暴尸于市，表示被众人所弃。⑩案堵：即『安堵』，安居，安定。⑪飨：用酒食款待人。

【译文】

汉元年十月，沛公的军队先于各路诸侯到达霸上。秦王子婴素车白马，用丝带系着脖子，封了皇帝的印玺和符节，在轵道旁投降。将领们有的主张杀死秦王。沛公说：『当初楚怀王派遣我，本来是因为我能宽大容人。况且人家已经降服，又杀死人家，不吉利。』于是就把秦王交给了官吏，向西进入咸阳。沛公想要留在宫殿中休息，樊哙、张良劝说后，才封闭了秦宫的贵重珍宝、财物和库房，回军霸上。召集各县的父老、豪杰说：『父老们苦于秦朝的严刑峻法已经很久了，诽谤朝政的要灭族，相聚议论的要在街市上处斩。我和诸侯们约定，先入关的在关中称王，我应当称王关中。同父老们约定，法律只有三章：杀人的处死，伤人和抢劫的处以与所犯罪相当的刑罚。其余的秦朝法律全部废除。官吏和百姓都要安居如故。我所以到这里来，是为父老们除害，不会有欺凌暴虐的行为，不要害怕。我所以回军霸上，是等待诸侯们到来制定共同遵守的纪律。』沛公派人与秦朝官吏巡行县城乡间，告谕百姓。秦地的百姓大为高兴，争先恐后地拿出牛羊酒食款待士兵。沛公又谦让不肯接受，说：『仓库的谷子很多，不缺乏，不愿破费百姓。』百姓更加高兴，唯恐沛公不做秦王。

【原文】

或①说沛公曰：『秦富十倍天下，地形强。今闻章邯降项羽，项羽乃号为雍王，王关中。今则来，沛公恐不得有此。可急使兵守函谷关②，无内③诸侯军，稍征关中兵以自益，距之。』沛公然其计，从之。十一月中，项羽果率诸侯兵西，欲入关，关门闭。闻沛公已定关中，大怒，使黥布等攻破函谷关。十二月中，遂至戏。沛公左司马曹无伤闻项王怒，欲攻沛公，使人言项羽曰：『沛公欲王关中，令子婴为相，珍宝尽有之。』欲以求封。亚父④劝项羽击沛公。方飨士，旦日合战。是时项羽兵四十万，号百万。沛公兵十万，号二十万，力不敌。会项伯⑤欲活张良，夜往见良，因以文谕项羽，项羽乃止。沛公从百余骑，驱之鸿门⑥，见谢项羽。项羽曰：『此沛公左司马曹无伤言之。不然，籍何以生⑦此！』沛公以樊哙、张良故，得解归。归，立诛曹无伤。

【注释】

①或：有人。据《楚汉春秋》，劝说沛公者为解先生。②函谷关：在今河南灵宝市东北，是通往关中的门户。③内：通『纳』。④亚父：即范增。⑤项伯：项羽的叔父，在项羽军中任左尹，入汉封为射阳侯，赐姓刘。活张良：使张良活下来。⑥鸿门：在今陕西临潼区东北，现在当地人称项王营。⑦生：本书《项羽本纪》作『至』。

【译文】

有人劝沛公说：『秦地比天下富足十倍，地势好。如今听说章邯投降了项羽，项羽就给了雍王的封号，称王于关中。现在即将来到关中就国，你沛公恐怕不能占有这个地方了。应赶快派兵把守函谷关，不让诸侯军进来，逐渐征集关中兵，以加强实力，抵抗诸侯兵。』沛公赞成他的计策，照着做了。十一月间，项羽果然率领诸侯军西进，想要入关，而关门闭着。听说沛公已经平定关中，大怒，派黥布等攻破了函谷关。十二月间，就到了戏水。沛公左司马曹无伤听说项王发怒，要攻打沛公，派人告诉项羽说：『沛公想要称王关中，令子婴为相，珍宝被他全部占有了。』打算以此求得封赏。亚父劝项羽进攻沛公。当时项羽饱餐士卒，准备明日会战。这时项羽兵四十万，号称百万。沛公兵十万，号称二十万，兵力敌不过项羽。恰巧项伯要救张良，夜间去见他。（回来后，）用道理劝说项羽，项羽取消了进攻沛公的计划。沛公带来了一百多骑兵，驰至鸿门，来见项羽，表示歉意。项羽说：『这是你沛公左司马曹无伤向我说的。不然，我项羽何至于做这样的事。』沛公因为樊哙、张良的缘故，得以脱身返回。回来后，立刻杀了曹无伤。

【原文】

项羽遂西，屠烧咸阳秦宫室，所过无不残破。秦人大失望，然恐，不敢不服耳。

项羽使人还报怀王。怀王曰：『如约。』项羽怨怀王不肯令与沛公俱西入关，而北救赵，后天下约。乃曰：『怀王者，吾家项梁所立耳，非有功伐，何以得主约！本定天下，诸将及籍也。』乃详尊怀王为义帝①，实不用其命。

【注释】

①详：通『佯』，假意，虚假。义：名义上的。『义帝』，意谓名义上的皇帝。

【译文】

项羽向西进军，屠杀无辜，焚毁咸阳秦宫室，所过之处，无不遭到摧残破坏。秦地的百姓大失所望，然而心里恐惧，不敢不服从。

项羽派人回去报告楚怀王。楚怀王说：『按照原来的约定办。』项羽怨恨楚怀王不肯让他与沛公一起西进入关，而派他北上救赵，在天下诸侯争夺称王关中的约定中落在后面。他就说：『怀王这个人，我家项梁所立，没有什么功劳，凭什么主持约定。本来安定天下的，是诸位将领和我项籍。』就假意推尊楚怀王为义帝，实际上不听从他的命令。

【原文】

正月，项羽自立为西楚①霸王，王梁、楚地九郡②，都彭城。负约，更立沛公为汉王，王巴、蜀、汉中③，都南郑。三分关中，立秦三将：章邯为雍王④，都废丘⑤；司马欣为塞王⑥，都栎阳⑦；董翳为翟王⑧，都高奴⑨。楚将瑕丘申阳为河南王⑩，都洛阳。赵将司马卬为殷王⑪，都朝歌⑫。赵王歇徙王代⑬。赵相张耳为常山王⑭，都襄国⑮。当阳君黥布为九江王⑯，都六。怀王柱国共敖为临江王⑰，都江陵⑱。番君吴芮为衡山⑲王，都邾⑳。燕将臧荼㉑为燕王，都蓟㉒。故燕王韩广徙王辽东㉓。广不听，臧荼攻杀之无终㉔。封成安㉕君陈余河间三县，居南皮㉖。封梅鋗十万户。

【注释】

①西楚：包括今河南东部、安徽北部、江苏西北部一带。实际上，当时项羽所占不限于这一地区。项羽建都彭城，属西楚，故以西楚为号。②九郡：历来说法不一，清梁玉绳《史记志疑》卷六认为九郡是泗水、东阳、东海、砀、薛、鄣、吴、会稽、东郡。③巴、蜀、汉中：都是秦郡。巴在今四川东部，治所在江州（故地在今四川重庆市北嘉陵江北岸）。蜀在今四川中部，治所在成都（即今四川成都市）。汉中在今陕西秦岭以南及湖北西北部，治所在南郑（即今陕西南郑县）。④雍：雍县唐张守节《正义》认为『以岐州雍县为名』。故地在今陕西凤翔县南。⑤废丘：秦县，故地在今陕西兴平市东南。⑥司马欣：秦末任栎阳狱掾，帮助过项梁。曾为秦二世长史，率军从属章邯攻陈胜、项梁，后降项羽，为上将军。汉王四年，被汉军打败自杀。塞王：司马欣封地有大河、华山为阨塞，故名。⑦栎阳：秦县，

故地在今陕西临潼区东北。⑧董翳：章邯的部将，曾为都尉，投降项羽。在楚、汉之争中，兵败自杀。翟王：董翳所封，春秋时为白翟之地，故取以为号。⑨高奴：秦县，故地在今陕西延安市东北。⑩瑕丘：秦县，故地在今山东兖州市东北。申阳：原为项羽将领，汉二年（前205年）投降刘邦。瑕丘申阳的封地在黄河之南，故名『河南王』。⑪殷王：司马卬封于殷商旧地，故名。⑫朝歌：为殷旧都，故地在今河南淇县。⑬代：秦郡，战国时为赵地，地域在今山西北部、河北西北部一带。⑭张耳：大梁（即今河南开封市）人，陈胜起兵至陈，与陈余请兵北略赵地，先后拥立武臣、赵歇为赵王，自任丞相。项羽封他为常山王，后归附刘邦，封为赵王，汉五年卒。事详《史记》《汉书》本传。常山：辖境在今河北中部、山西东部和中部。⑮襄国：即秦信都县，项羽改称襄国，故地在今河北邢台市。⑯当阳君：项梁拥立楚怀王心后，项梁号武信君，黥布号当阳君。当阳在今湖北当阳市东北。九江：秦郡，辖境在今江西和江苏、安徽两省长江以北、淮水以南一带。封黥布为九江王时，江苏一带已划归西楚。⑰柱国：即上柱国，战国楚国设置的官称，地位尊崇，相当于后世的相国。楚地义军沿袭楚制，仍设置此官。共：姓。临江：地域相当于当时的南郡，即今襄樊市以南的湖北地区和四川巫山以东地区。⑱江陵：故地在今湖北江陵县。⑲衡山：吴芮封国衡山辖境在今湖北东部、湖南全部和安徽西部。境内有衡山，国名即由此而来。⑳邾：故地在今湖北黄冈市西北。㉑臧荼：初为燕王韩广部将，曾率军援赵，随项羽入关。项羽把燕地一分为二，徙故燕王韩广称王辽东，而以燕、蓟（今河北北部）封臧荼。后来臧荼背楚归汉，汉五年反叛被俘。㉒蓟：秦县，故地在今北京市西南。㉓韩广：原为秦上谷郡卒史，陈胜部将武臣到邯郸自立为赵王，遣韩广带兵攻取燕地，韩广便自立为燕王，见本书《陈涉世家》。辽东：本秦郡，在今大凌河以东的辽宁地区。韩广所封包有今辽宁和河北东北一带。㉔无终：韩广辽东国国都，故地在今天津市蓟县。㉕成安：秦县，故地在今河南临汝县东南。㉖南皮：故地在今河北南皮县。成安君：陈余封号。陈余：大梁人，陈胜义军到陈，与张耳请兵北略赵地，立武臣为赵王，自为大将军。后又拥立赵王歇为赵王。项羽分封诸侯王，由于陈胜在南皮，未随项羽入关，便仅以南皮旁三县封陈余。汉三年（前204年），陈余被韩信、张耳攻杀。事详《史记》《汉书》本传。河间：汉高祖时为郡，郡治在乐成，即今河北献县东南。

【译文】

正月，项羽自立为西楚霸王，在梁、楚地区的九个郡称王，建都彭城。背弃原来的约定，改立沛公为汉王，在巴、蜀、汉中称王，建都南郑。把关中瓜分为三，封立秦朝的三个将领：章邯为雍王，建都废丘；司马欣为塞王，建都栎阳；董翳为翟王，建都高奴。封楚将瑕丘申阳为河南王，建都洛阳。封赵将司马卬为殷王，建都朝歌。赵王歇迁徙代地称王。封赵将张耳为常山王，建都襄国。封当阳君黥布为九江王，建都六县。封楚怀王柱国共敖为临江王，建都江陵。封番郡吴芮为衡山王，建都邾县。封燕将臧荼为燕王，建都蓟县。原来的燕王韩广迁徙辽东称王。韩广不服从，臧荼攻杀韩广于无终。封成安君陈余河间三县，住在南皮。封给梅锠十万户。

【原文】

四月，兵罢戏下①，诸侯各就国。汉王之国，项王使卒三万人从，楚与诸侯之慕从者数万人，从杜南入蚀中②。去辄烧绝栈道③，以备诸侯盗兵④袭之，亦示项羽无东意。至南郑，诸将及士卒多道亡归，士卒皆歌思东归。韩信⑤说汉王曰：『项羽王诸将之有功者，而王独居南郑，是迁⑥也。军吏士卒皆山东⑦之人也，日夜跂⑧而望归，及其锋而用之，可以有大功。天下已定，人皆自宁，不可复用。不如决策东乡⑨，争权天下。』

【注释】

①戏下：在主帅的旌麾之下。戏，通『麾』，用以指挥军队的大旗。也有人认为『戏』即戏水。『戏下』即戏水之下，与『洛下』同例。②杜：秦县，故地在今陕西西安市东南。蚀中：杜县南通往汉中的谷道。有人认为就是子午谷，在今西安市南。③栈道：在悬崖绝壁上，凿石架木修成的通道，也叫阁道。④盗兵：盗贼之兵。⑤韩信：淮阴（今江苏淮阴区西南）人，先从项羽，后归刘邦，拜为大将军。⑥迁：有罪被徙。⑦山东：秦、汉时指崤山或华山以东，与关东所指地域略同。⑧跂：通『企』，《汉书·高帝纪》作『企』。踮起脚跟，形容盼望殷切。⑨乡：通『向』。

【译文】

四月，在项羽旌麾之下罢兵散归，诸侯各自回到封国。汉王回国，项王派兵三万跟随，楚国和其他诸侯国的士卒仰慕汉王而追从的有几万人。他们从杜县南面进入蚀中，离开后就烧断栈道，以防备诸侯军和匪徒的袭击，也向项羽表示没有东进的意图。到达南郑，那些将领和士卒很多在中途逃亡回去，士卒都唱着歌，想要回到东方。韩信劝汉王说：『项羽封诸将有功的为王，而大王独自被封在南郑，这实际上是贬徙。军中官吏和士卒都是崤山以东的人，日夜跂踵盼望回家乡。乘他们气势旺盛时加以利用，可以建立大的功业。等到天下已经平定，人人都自然安下心来，就不能再利用了。不如决策向东进军，争夺天下大权。』

【原文】

项羽出关，使人徙义帝。曰：『古之帝者地方千里，必居上游。』乃使使徙义帝长沙郴县①，趣②义帝行，群臣稍倍③叛之，乃阴令衡山王、临江王击之，杀义帝江南④。项羽怨田荣⑤，立齐将田都⑥为齐王。田荣怒，因自立为齐王，杀田都而反楚[7]，予彭越将军印，令反梁地[8]。楚令萧公角[9]击彭越，彭越大破之。陈余怨项羽之弗王己也，令夏说[10]说田荣，请兵击张耳。齐予陈余兵，击破常山王张耳，张耳亡归汉。迎赵王歇于代，复立为赵王。赵王因立陈余为代王。项羽大怒，北击齐。

【注释】

①长沙：秦郡，辖境在今资水以东的湖南地区、广东西北和广西东北部分地区。郴县：长沙郡属县，故地在今湖南郴县。②趣：催促。③倍：通"背"。④杀义帝江南：本书《项羽本纪》云杀义帝江中。又本书《黥布列传》记载，高祖元年四月，项羽把义帝迁至长沙郡，暗中派九江王黥布等攻击义帝。八月，黥布派部将追杀义帝于郴县。可见接受项羽命令杀害义帝的有衡山王、临江王、九江王三人，直接杀死义帝的是九江王部将，与此皆略有不同。⑤田荣：齐国贵族后裔。⑥田都：田假部将，因随从项羽救赵，入关，所以被封为齐王。事详本书《项羽本纪》《田儋列传》。⑦杀田都而反楚：据本书《田儋列传》，项羽分封诸侯，以田市为胶东王，田安为济北王，田都为齐王，三分齐地。田荣未得为王，遂发兵击田都，田都逃归于楚。田荣所杀乃田市、田安。⑧予彭越将军印，令反梁地：据《汉书·彭越传》，汉派人赐彭越将军印。项羽入关时，彭越率众居巨野泽（即大野泽，在今山东巨野县北）中，未随项羽入关。项羽分封诸侯，彭越不得封。因此，赐予彭越将军印，在梁地反楚。⑨萧公角："角"是名，曾为萧县（即今安徽萧县西北）令，当时令称公。⑩夏说：陈余为代王时，夏说为代相。汉高祖二年后九月，被韩信所擒杀。

【译文】

项羽出了函谷关，派人迁徙义帝。说："古代做帝王的统辖千里见方的土地，必须居住上游。"就派使者把义帝迁徙到长沙郴县，催促义帝快走。群臣渐渐地背叛了义帝，项羽就暗地里让衡山王、临江王袭击他，把义帝杀死在江南。项羽怨恨田荣，封齐将田都为齐王。田荣恼怒，自立为齐王，杀死田都，反叛项楚，把将军印给予彭越，让他在梁地起兵反楚。楚派萧公角攻打彭越，彭越大败萧公角。陈余怨恨项羽不封自己为王，派夏说游说田荣，借兵攻打张耳。齐借兵给陈余，击败了常山王张耳，张耳逃跑归附了汉王。陈余从代接回赵王歇，又立为赵王，赵王就封陈余为代王。项羽大怒，出兵北向击齐。

【原文】

八月，汉王用韩信之计，从故道①还，袭雍王章邯。邯迎击汉陈仓，雍兵败，还走；止战好畤②，又复败，走废丘。汉王遂定雍地。东至咸阳，引兵围雍王废丘，而遣诸将略定陇西、北地、上郡③。令将军薛欧、王吸④出武关，因王陵兵南阳，以迎太公、吕后于沛。楚闻之，发兵距之阳夏⑤，不得前。令故吴令郑昌⑥为韩王，距汉兵。

【注释】

①故道：道路名，又称陈仓道。此道从陈仓（今陕西宝鸡市东）始，西南经散关，沿故道水（嘉陵江上游）谷道至凤县折向东南进入褒谷，出抵汉中。②好畤：故地在今陕西乾县东。③陇西：秦郡，辖境在今甘肃东南部。北地：秦郡，辖有今甘肃东北部、宁夏回族自治区东南部和内蒙古自治区、陕西的部分地区。上郡：秦郡，辖境在今陕西北部和内蒙古自治区黄河河套以南一带。④薛欧：以舍人身份随从刘邦在丰邑起兵，后为郎中。升任将军，由于击项羽、钟离眛有功，封为广平侯。王吸：以中涓随从刘邦起兵丰邑，后为骑郎将、将军，因为击项羽有功，封清阳侯。均见本书《高祖功臣侯者年表》。⑤阳夏：秦县，故地在今河南太康县。⑥郑昌：项羽早年在吴县时，郑昌为县令，

见本书《韩王信列传》。

【译文】

八月，汉王用韩信的计策，从故道回军，袭击雍王章邯。章邯在陈仓迎击汉军，雍王兵败退走，在好畤停下来接战，又失败了，逃到废丘。汉王随即平定了雍地。向东到达咸阳，率军围困雍王于废丘，而派遣将领攻占了陇西、北地、上郡。派将军薛欧、王吸出武关，借助王陵驻扎在南阳的兵力，迎接太公、吕后于沛县。楚听到这一消息，出兵在阳夏阻挡汉军不能前进。楚让原吴县县令郑昌为韩王，抵抗汉军。

【原文】

二年，汉王东略地，塞王欣、翟王翳、河南王申阳皆降。韩王昌不听，使韩信①击破之。于是置陇西、北地、上郡、渭南、河上、中地郡②；关外置河南郡③。更立韩太尉④信为韩王。诸将以万人若以一郡降者，封万户。缮治河上塞⑤。诸故秦苑囿⑥园池，皆令人得田之。正月，虏雍王弟章平。大赦罪人。

【注释】

①韩信：此为韩王信，与淮阴侯韩信不是一人。韩王信是战国韩襄王后裔，将兵随刘邦入武关。刘邦封汉王，又从入汉中。刘邦还定三秦，先拜信为韩太尉，击降韩王郑昌后，信被立为韩王。事详《史记》《汉书》本传。②渭南、河上、中地郡：即后来的京兆、左冯翊、右扶风三郡，位处西汉京畿地区，辖境在今陕西中部。③河南郡：辖地在今河南西北部，治所在雒阳。④太尉：掌管王国中的军事。⑤河上塞：指河上郡北部与匈奴接壤处修筑的防御工事，用来防备匈奴。⑥苑囿：畜养鸟兽，种植林木的地方，多用来供上层统治者游猎。

【译文】

二年（前205年），汉王东出略取城邑，塞王司马欣、翟王董翳、河南王申阳都投降了。韩王郑昌不愿归附，汉王派韩信打败了他。于是设置了陇西、北地、上郡、渭南、河上、中地各郡，关外设置了河南郡。改立韩太尉信为韩王。将领中以一万人或一郡投降的，封给一万户。整修河上郡内的长城。各处原来的秦朝苑囿园池，都让百姓开垦耕种。正月，俘虏了雍王的弟弟章平。大赦有罪的人。

【原文】

汉王之出关至陕[1]，抚关外父老，还，张耳来见[2]，汉王厚遇之。

【注释】

①陕：秦县，故地在今河南三门峡市西。②张耳来见：据本书《张耳陈余列传》，张耳被陈余击败后，投奔刘邦，在废丘谒见刘邦。《资治通鉴》系此事于汉王二年十月。

【译文】

汉王出函谷关到达陕县，抚慰关外父老，回来后，张耳来见，汉王给了他优厚的待遇。

【原文】

二月，令除秦社稷，更立汉社稷[1]。

【注释】

①社稷：帝王祭奉的土神和谷神，作为国家的象征。古代新政权代替异姓旧政权时，都要更易社稷。

【译文】

二月，下令废掉秦社稷，改立汉社稷。

【原文】

三月，汉王从临晋①渡，魏王豹②将兵从。下河内③，虏殷王，置河内郡④。南渡平阴津，至雒阳。新城三老董公遮说⑤汉王以义帝死故。汉王闻之，袒⑥而大哭。遂为义帝发丧，临⑦三日。发使者告诸侯曰：『天下共立义帝，北面⑧事之。今项羽放杀义帝于江南，大逆无道。寡人亲为发丧，诸侯皆缟⑨素。悉发关内兵，收三河⑩士，南浮江汉⑪以下，愿从诸侯王击楚之杀义帝者。』

【注释】

①临晋：关名，又名蒲关、蒲津关、河关，在今陕西大荔县黄河西岸，关下有黄河渡口，自古以来为秦晋间山河要隘。②魏王豹：魏公子宁陵君咎之弟。③河内：黄河以北地区的统称，这里指今河南黄河以北的地域。④河内郡：辖有今河南北部，治怀县，即今河南武陟县西南。⑤新城：汉初所置县，故地在今河南伊川县西南。三老：掌管一乡教化的地方官吏。遮说：拦住游说。董公的游说之辞见《汉书·高帝纪》。⑥袒：裸露。这里指脱去衣袖，裸露左臂，为古代丧礼中的一种仪节。⑦临：众人哭吊。⑧北面：古代人君南向而坐，臣子朝见则面向北。⑨缟：未经染色的绢。缟素：服丧时穿的白色衣服。⑩三河：河南、河东、河内。⑪江汉：长江、汉水。

【译文】

三月，汉王从临晋关渡过黄河，魏王豹率兵随从，攻下河内，俘虏了殷王，设置河内郡。向南渡过平阴津，到达雒阳。

新城三老董公拦住汉王，用义帝死这件事游说汉王。汉王听了，袒臂大哭。于是为义帝发丧，哭吊三天。派遣使者通告诸侯说：『天下共同拥立义帝，对他北面称臣。现在项羽把义帝放逐、击杀于江南，大逆无道。我亲自为他发丧，诸侯都要穿白色丧服。调发全部关内的兵力，征集三河的士卒，浮江汉南下，愿意跟随各诸侯王讨伐楚国杀害义帝的人。』

【原文】

是时项王北击齐，田荣与战城阳。田荣败，走平原[①]，平原民杀之。齐皆降楚。楚因焚烧其城郭，系虏[②]其子女。齐人叛之。田荣弟横立荣子广为齐王，齐王反楚城阳。项羽虽闻汉东，既已连齐兵，欲遂破之而击汉。汉王以故得劫五诸侯[③]兵，遂入彭城。项羽闻之，乃引兵去齐，从鲁[④]出胡陵，至萧，与汉大战彭城灵壁东睢水[⑤]上，大破汉军，多杀士卒，睢水为之不流。乃取汉王父母妻子于沛，置之军中以为质。当是时，诸侯见楚强汉败，还皆去汉复为楚。塞王欣亡入楚。

【注释】

①平原：县名，故地在今山东平原县西南。②系虏：执缚掳掠。系，絷缚。③五诸侯：史书没有明确记载，历来说法纷纭，《汉书·高帝纪》颜师古注认为是常山王张耳、河南王申阳、韩王郑昌、魏王豹、殷王司马卬，后人多持有异议。④鲁：秦县，故地在今山东曲阜市。⑤灵壁：位于彭城西南，故地在今安徽淮北市西南，不是现在的灵壁县。睢水：即濉河，古代鸿沟支脉之一，故道自今河南开封县东从鸿沟分出，流经河南东部、安徽西北部，到江苏宿迁市西，注入泗水，今多淤断。

【译文】

当时项王北进攻打齐国，田荣和他战于城阳。田荣兵败，逃到平原，平原的百姓杀了他，齐地都投降了楚国。

楚兵焚烧齐人的城郭，掳掠他们的子女，齐人又反叛楚国。田荣的弟弟田横立田荣的儿子田广为齐王，齐王在城阳反楚。项羽虽然闻知汉军东进，但既然已经与齐军交战，就想打垮齐军之后迎击汉军。汉王利用这个机会劫取了五诸侯的兵力，进入彭城。项羽听到这一消息，就带兵离开齐，由鲁地出胡陵，抵达萧县，与汉军在彭城灵壁东面的睢水上激战，大败汉军，杀死了很多士卒，（由于尸体的堵塞，）睢水都不能流通了。楚军从沛县掳取了汉王的父母妻子，放在军中作为人质。这个时候，诸侯看到楚军强盛，汉军败退，又都离汉归楚。塞王司马欣也逃到楚国。

【原文】

吕后兄周吕侯①为汉将兵，居下邑。汉王从之，稍收士卒，军砀。汉王乃西过梁地，至虞②。使谒者随何③之九江王布所，曰：『公能令布举兵叛楚，项羽必留击之。得留数月，吾取天下必矣。』随何往说九江王布，布果背楚。楚使龙且④往击之。

【注释】

①周吕侯：即吕泽，『周吕』是他的封号。汉高祖六年（前201年），吕泽始封周吕侯，立三年卒。当时吕泽尚未封周吕侯，这是修史者追书之辞。②虞：县名，故地在今河南虞城县北。③谒者：为国君掌管传达事务的官员，始设于春秋、战国时，秦、汉沿置。汉代郎中令下的属官谒者职掌宾赞礼仪。随何：刘邦手下的儒者，汉统一天下后，以游说黥布有功，任护军中尉。他游说黥布经过，本书《黥布列传》记述较详，可参阅。④龙且：项羽的骁将，被韩信所杀。

【译文】

吕后的哥哥周吕侯为汉带领一支军队，驻扎在下邑。汉王到他那里，渐渐收集士卒，驻军在砀县。汉王西行经过梁地，到了虞县，派谒者随何到九江王黥布那里，汉王说：『你能让黥布举兵叛楚，项羽必定留下来攻打他。如果能够滞留几个月，我一定可以取得天下。』随何去说服九江王黥布，黥布果然背叛了楚国，楚国派龙且去攻打他。

【原文】

汉王之败彭城而西，行使人求家室，家室亦亡，不相得。败后乃独得孝惠，六月，立为太子，大赦罪人。令太子守栎阳，诸侯子[①]在关中者皆集栎阳为卫。引水灌废丘，废丘降，章邯自杀。更名废丘为槐里。于是令祠官祀天地四方上帝山川，以时祀之。兴关内卒乘塞。

【注释】

①诸侯子：谓诸侯国人。下文云，汉高祖五年（前202年），『诸侯子在关中者复之十二岁』，所说『诸侯子』与此同义。

【译文】

汉王兵败彭城后向西撤退，行军中派人寻找家属，家属也逃走了，没有互相碰见。战败后就只找到了孝惠帝，六月，立他为太子，大赦罪人。命令太子驻守栎阳，诸侯国人在关中的都集中在栎阳守卫。引水灌废丘，废丘投降，章邯自杀。把废丘改名为槐里。于是命令祠官祭祀天、地、四方、上帝、山川，以后按时致祭。征发关内士卒登城守卫边塞。

【原文】

是时九江王布与龙且战，不胜，与随何间[①]行归汉。汉王稍收士卒，与诸将及关中卒[②]益出，是以兵大振荥阳，破楚京、索[③]间。

【注释】

①间行：从小路走，秘密前往。间，小路。②关中卒：《汉书·高帝纪》记载，五月，汉王屯荥阳，萧何把关

中不符合服兵役年龄的老弱全部加以征调，去到荥阳作战。『关中卒』即指萧何这次征调的服役人员。③京：秦县，故地在今河南荥阳市东南。索：即索亭，在京县境内，故地在今河南荥阳市。

【译文】

这时九江王黥布与龙且作战，没有取胜，和随何潜行归汉。汉王渐渐地征集了一些士卒，加上各路将领和关中兵的增援，因此军势大振于荥阳，在京、索之间击破了楚军。

【原文】

三年，魏王豹谒归视亲疾，至即绝河津，反为楚。汉王使郦生说豹，豹不听。汉王遣将军韩信击，大破之，虏豹。遂定魏地，置三郡，曰河东、太原、上党①。汉王乃令张耳与韩信遂东下井陉②击赵，斩陈余、赵王歇。其明年，立张耳为赵王。

【注释】

①河东：辖境在今山西沁水以西，霍山以南。太原：辖境在今山西霍山以北，句注山以南。上党：辖境在今山西和顺县、榆社县以南，沁水流域以东。②井陉：秦县，故地在今河北井陉县西北，境内井陉山上有井陉关，为军事要地。

【译文】

三年（前204年），魏王豹请假回去省视父母的疾病，到了魏地就断绝了黄河渡口，叛汉归楚。汉王使郦生劝说魏豹，魏豹不听。汉王派遣将军韩信进攻魏豹，大破魏军，俘虏了魏豹，于是平定了魏地，设置了三个郡，名叫河东、太原、上党。汉王命令张耳和韩信向东攻下井陉，进击赵地，杀了陈余、赵王歇。第二年，封张耳为赵王。

【原文】

汉王军荥阳南，筑甬道[①]属之河，以取敖仓[②]。与项羽相距岁余。项羽数侵夺汉甬道，汉军乏食，遂围汉王。汉王请和，割荥阳以西者为汉。项王不听。汉王患之，乃用陈平[③]之计，予陈平金四万斤[④]，以间疏楚君臣。于是项羽乃疑亚父。亚父是时劝项羽遂下荥阳，及其见疑，乃怒，辞老，愿赐骸骨[⑤]归卒伍，未至彭城而死。

【注释】

①甬道：两边筑有墙壁的通道，以防敌人劫夺。属：连接，连缀。②敖仓：秦在荥阳西北敖山上修建的粮仓，储积数量庞大的粟米，地当河水、济水分流处，故址在今河南郑州市西北邙山上。③陈平：阳武（今河南原阳县东南）人，先从项羽，后归附刘邦，佐汉灭楚，以功封户牖侯、曲逆侯，惠帝、吕后、文帝时为丞相。其事详见本书《陈丞相世家》《汉书·陈平传》。④斤：汉代一斤约等于今天的二百五十八克。⑤愿赐骸骨：犹言乞身。臣子事君，即以身许人，所以自己辞官等于要求人君赐予躯体。

【译文】

汉王驻军在荥阳南面，修筑甬道与黄河相连，以便取用敖仓的粮食。与项羽对峙了一年多。项羽多次夺取了汉军的甬道，汉军缺少粮食，项羽于是围攻汉王。汉王请求讲和，划分荥阳以西的土地归汉。项王没有同意。汉王忧虑，就采取陈平的计策，给陈平黄金四万斤，用来离间楚国君臣。于是项羽对亚父产生了怀疑。亚父这时劝项羽乘势攻下荥阳，等到他知道已被怀疑，就很生气，推托自己年老，要求乞身引退，回家乡当老百姓。（项羽答应了，）亚父没有到达彭城就死了。

【原文】

汉军绝食，乃夜出女子东门二千余人，被[1]甲，楚因四面击之。将军纪信乃乘王驾，诈为汉王，诳楚，楚皆呼万岁[2]，之城东观，以故汉王得与数十骑出西门遁。令御史大夫周苛、魏豹、枞公[3]守荥阳。诸将卒不能从者，尽在城中。周苛、枞公相谓曰：『反国之王，难与守城。』因杀魏豹。

【注释】

①被：『披』的假借字。②万岁：永远存在之意。君王有嘉庆之事，臣下或民众呼『万岁』以示庆贺。③御史大夫：本为秦官，地位仅次于丞相，主要负责监察、执法。当时周苛在汉任此职。周苛：周昌从兄，秦时为泗水（秦郡，治所在沛县，汉初改为沛郡）卒史，后归随刘邦。事迹主要见本书《张丞相列传》所附《周昌列传》《汉书·周昌传》。枞公：枞为姓，史书未载他的名字。

【译文】

汉军断绝了粮食，就在夜间从东门放出女子二千多人，披戴铠甲，楚军便四面围击。将军纪信乘坐汉王的车驾，伪装成汉王，欺骗楚军。楚军都高呼万岁，争赴城东观看，因此汉王能够与几十骑兵出西门潜逃。汉王命令御史大夫周苛、魏豹、枞公留守荥阳，将领和士卒不能随从的，都留在城中。周苛、枞公商量说：『魏豹这个叛国之王，很难和他共守城池。』因此就杀死了魏豹。

【原文】

汉王之出荥阳入关，收兵欲复东。袁生[1]说汉王曰：『汉与楚相距荥阳数岁，汉常困。愿君王出武关，项羽必引兵南走，王深壁[2]，令荥阳成皋[3]间且得休。使韩信等辑河北赵地，连燕齐，君王乃复走荥阳，未晚也。如此，则楚所备者多，力分，汉得休，复与之战，破楚必矣。』汉王从其计，出军宛叶[4]间，与黥布行收兵。

【注释】

①袁生：袁姓，《汉书·高帝纪》作『辕』，名字不见史书。②王深壁：这是袁生劝汉王深沟高垒，不与楚战，争取时间休整部队。壁，营垒。③成皋：即春秋郑国的虎牢，汉代置为县，其地形势险要，故地在今河南荥阳市汜水镇。④叶：秦县，故地在今河南叶县南。

【译文】

汉王逃出荥阳进入函谷关，收集士卒，想再次东进。袁生劝汉王说：『汉与楚在荥阳相持了几年，汉军常处于困难。希望君王从武关出去，项羽肯定引兵向南行进，君王深沟高垒，让荥阳、成皋之间得到休息。派韩信等安辑黄河以北的赵地，联合燕、齐，君王再赴荥阳，也为时不晚。这样，楚军多方设防，军力分散，汉军得到休整，再与楚军作战，肯定可以打破楚军了。』汉王采纳了他的计策，出兵宛县、叶县之间，与黥布在进军中收集兵马。

【原文】

项羽闻汉王在宛，果引兵南。汉王坚壁不与战。是时彭越渡睢水，与项声[1]、薛公战下邳[2]，彭越大破楚军。项羽乃引兵东击彭越。汉王亦引兵北军成皋。项羽已破走彭越，闻汉王复军成皋，乃复引兵西，拔荥阳，诛周苛、枞公，而虏韩王信，遂围成皋。

【注释】

①项声：项羽部将。②薛公：楚汉相争时有两薛公。这里所说的薛公为项羽将领，被灌婴杀死。另一薛公曾为楚令尹，入汉后为夏侯婴门客。黥布反汉时，曾向汉高祖献策，封食千户。事见本书《黥布列传》《汉书·黥布传》。③下邳：秦县，故地在今江苏睢宁县西北。

【译文】

项羽听说汉王在宛县，果然带兵南下。汉王坚壁固守，不和他交战。这时彭越渡过睢水，与项声、薛公战于下邳，彭越大败楚军。于是项羽率军向东攻打彭越，汉王也引兵向北驻军成皋。项羽已经取胜，赶走了彭越，得知汉军又驻扎在成皋，就又领兵西进，攻克荥阳，杀了周苛、枞公，俘虏了韩王信，于是进围成皋。

【原文】

汉王跳①，独与滕公共车出成皋玉门②，北渡河，驰宿修武③。自称使者，晨驰入张耳、韩信壁，而夺之军。乃使张耳北益收兵赵地，使韩信东击齐。汉王得韩信军，则复振。引兵临河，南飨军小修武南，欲复战。郎中④郑忠乃说止汉王，使高垒深堑，勿与战。汉王听其计，使卢绾、刘贾⑤将卒二万人，骑数百，渡白马津⑥，入楚地，与彭越复击破楚军燕郭⑦西，遂复下梁地十余城。

【注释】

①跳：通『逃』。本书《项羽本纪》作『逃』。②滕公：即夏侯婴。沛县人，与刘邦一起起兵，以功封汝阴侯，高祖至文帝时，长期任太仆。早年曾为滕令，故称『滕公』。《史记》《汉书》有传。玉门：成皋北门。③修武：县名，

故地在今河南获嘉县西南。④郎中：侍卫官。⑤卢绾：沛县人，随从刘邦起兵，汉高祖五年（前202年）封燕王，后投降匈奴，为东胡卢王，死在匈奴。《史记》《汉书》有传。刘贾：刘邦堂兄，汉高祖元年（前206年）为将军，六年（前201年）封荆王，十一年（前196年）击黥布被杀。事详本书《荆燕世家》《汉书·荆燕吴传》。⑥白马津：渡口名，为黄河分流处，在今河南滑县北，由于水道的变迁，现已淤塞。⑦燕：秦时南燕国故地，秦于此设置燕县，西汉改称南燕，故地在今河南延津县东北。郭：外城。

【译文】

汉王逃走了，单身一人与滕公同乘一辆车出了成皋的玉门，向北渡过黄河，驰至修武住了一夜。他自称为使者，早晨驰入张耳、韩信的营中，夺取了他们的军队，然后就派张耳去北边赵地更多地收集兵力，派韩信东进攻齐。汉王得到韩信的军队，军威又振作起来。率军来到黄河岸边，向南进发，在小修武南面让士卒吃饱喝足，打算与项羽再次交战。郎中郑忠劝阻汉王，让他深沟高垒，不要和项羽交锋。汉王采用了郑忠的计策，派卢绾、刘贾率兵两万人、几百个骑士，渡过白马津，进入楚地，与彭越在燕县城西又打败了楚军，随后又攻下梁地十多座城邑。

【原文】

淮阴已受命东，未渡平原①。汉王使郦生往说齐王田广，广叛楚，与汉和，共击项羽。韩信用蒯通计②，遂袭破齐。齐王烹郦生，东走高密③。项羽闻韩信已举河北兵破齐、赵，且欲击楚，则使龙且、周兰往击之。韩信与战，骑将灌婴击，大破楚军，杀龙且。齐王广犇④彭越。当此时，彭越将兵居梁地，往来苦楚兵，绝其粮食。

【注释】

①平原：黄河津渡名，通常称平原津，在今山东平原县境内。②蒯通：即蒯彻，《史记》作者为避汉武帝刘彻讳，改『彻』作『通』。范阳（今河北定兴县南）人，是当时有名的谋士，曾为武信君武臣策划降服越地三十余城，事见《张耳列传》。『蒯通计』，即劝韩信不要对齐停止进兵，应乘齐与汉讲和无备，进兵袭击，意见被韩信采纳，详见《淮阴侯列传》。③高密：县名，故地在今山东高密市西南。④犇：与『奔』字同。

【译文】

淮阴侯已经接受命令向东进军，在平原没有渡过黄河。汉王派郦生去说服齐王田广，田广背叛了楚，与汉讲和，一起攻打项羽。韩信采用蒯通的计策，突然袭击，打败了齐国。齐王烹杀了郦生，向东逃到高密。项羽听到韩信已经利用黄河以北的全部兵力打垮了齐、赵，而且要攻打楚军，就派龙且、周兰前去阻击。韩信与楚交战，骑兵将领灌婴配合出击，大败楚军，杀了龙且。齐王田广投奔彭越。在这个时候，彭越领兵驻扎梁地，往来骚扰楚军，断绝它的粮食。

【原文】

四年，项羽乃谓海春侯大司马曹咎[1]曰：『谨守成皋。若汉挑战，慎勿与战，无令得东而已。我十五日必定梁地，复从将军。』乃行击陈留、外黄、睢阳，下之。汉果数挑楚军，楚军不出，使人辱之五六日，大司马怒，度兵汜水[2]。士卒半渡，汉击之，大破楚军，尽得楚国金玉货赂。大司马咎、长史欣皆自到汜水上。项羽至睢阳，闻海春侯破，乃引兵还。汉军方围钟离眛于荥阳东，项羽至，尽走险阻。

【注释】

①曹咎：早年为蕲县狱掾。项梁因事受到栎阳县的逮捕，曹咎写信给栎阳狱掾司马欣，狱事得免，见《项羽本纪》。这时他在项羽部下为大司马，封海春侯，与司马欣驻军成皋。②度：通『渡』。汜水：发源于今河南巩义市东南，流经荥阳市界，北经成皋注入黄河。

【译文】

四年（前203年），项羽对海春侯大司马曹咎说：『谨慎防守成皋。如果汉军挑战，千万小心，不要应战，不让汉军东进就行了。我十五天一定平定梁地，再与将军会合。』于是就进军攻打陈留、外黄、睢阳，都攻了下来。汉军果然屡次向楚军挑战，楚军不肯出战。汉军派人辱骂了楚军五六天，大司马十分气愤，让士卒渡过汜水。士卒渡过一半，汉军出击，大败楚军，全部缴获了楚国的金玉财宝。大司马曹咎、长史司马欣都自刎在汜水上。项羽到达睢阳，听到海春侯兵败，就带兵返回。汉军正在荥阳东面围攻钟离眛，项羽一到，全部撤走到险阻地带。

【原文】

韩信已破齐，使人言曰：『齐边楚，权轻，不为假王，恐不能安齐。』汉王欲攻之。留侯曰：『不如因而立之，使自为守。』乃遣张良操印绶立韩信为齐王。

项羽闻龙且军破，则恐，使盱台人武涉往说韩信①。韩信不听。

【注释】

①武涉往说韩信：武涉游说之辞见《淮阴侯列传》，大意是劝韩信叛汉联楚，与刘邦三分天下而王。

【译文】

韩信已经打垮了齐国，派人对汉王说：『齐国靠近楚国，如果权力太小，不立为暂时代理的国王，恐怕不能安定齐地。』汉王想要攻打韩信。留侯说：『不如就此封他为王，让他自己防守齐地。』汉王便派遣张良带着印绶立韩信为齐王。

项羽听到龙且的军队战败了，心里很恐惧，派盱台人武涉前去游说韩信。韩信不肯听从。

【原文】

楚汉久相持未决，丁壮苦军旅，老弱罢①转饷。汉王项羽相与临广武之间②而语。项羽欲与汉王独身挑战。汉王数项羽曰：『始与项羽俱受命怀王，曰先入定关中者王之，项羽负约，王我于蜀汉，罪一。项羽矫杀卿子冠军③而自尊，罪二。项羽已救赵，当还报，而擅劫诸侯兵入关，罪三。怀王约入秦无暴掠，项羽烧秦宫室，掘始皇帝冢④，私收其财物，罪四。又强杀秦降王子婴，罪五。诈阬秦子弟新安⑤二十万，王其将，罪六。项羽皆王诸将善地，而徙逐故主⑥，令臣下争叛逆，罪七。项羽出逐义帝彭城，自都之，夺韩王地，并王梁楚，多自予，罪八。项羽使人阴弑义帝江南，罪九。夫为人臣而弑其主，杀已降，为政不平，主约不信，天下所不容，大逆无道，罪十也。吾以义兵从诸侯诛残贼，使刑余罪人击杀项羽，何苦乃与公挑战！』项羽大怒，伏弩⑦射中汉王。汉王伤匈⑧，乃扪⑨足曰：『虏中吾指！』汉王病创卧，张良强请汉王起行劳军，以安士卒，毋令楚乘胜于汉。汉王出行军，病甚，因驰入成皋。

【注释】

①罢：通『疲』。②广武：城名，故址在今河南荥阳市东北广武山上。山上有东西广武二城，相去二百步左右，中隔广武涧。间：『涧』的假借字。③卿子冠军：即宋义。『卿子』是当时人互相尊敬之辞。楚怀王派宋义率兵救赵，

为上将军，是全军中最高的将领，号为『卿子冠军』。项羽矫杀卿子冠军事见《项羽本纪》。④掘始皇帝冢：经秦始皇陵考古队调查钻探，在始皇陵只发现两个盗洞，位于陵西铜车马坑道部位，直径九十厘米至一米，深不到九米，未能接近地宫，整个封土的土层为秦时原状。与此处记载情况不相符合。详见1985年3月29日《光明日报》。⑤新安：秦县，故地在今河南渑池县东。⑥王诸将善地，而徙逐故主：指迁徙燕王韩广为辽东王，而封燕将臧荼为燕王；迁徙齐王田市为胶东王，而封齐将田都为齐王；迁徙赵王歇为代王，而封张耳为常山王，称王赵地。⑦弩：装有机关的弓。⑧匈：通『胸』。⑨扪：抚摸，按着。

【译文】

楚、汉长期相持，胜负未决，年轻力壮的苦于当兵打仗，年老体弱的疲于转运粮食。汉王、项羽一同站在广武涧两边对话。项羽想跟汉王单身挑战。汉王历数项羽的罪过说：『最初我和你项羽都受命于怀王，说是先入关平定关中的，就在关中做王。你项羽违背约定，让我在蜀、汉做王，这是第一罪。你项羽假借怀王的命令，杀了卿子冠军，而自尊为上将军，这是第二罪。你项羽已经援救了赵地，应当返回复命，而你擅自胁迫诸侯的军队进入函谷关，这是第三罪。怀王约定到秦地不要残暴掠夺，你项羽火烧秦朝宫室，挖了始皇帝的坟墓，私自聚敛秦朝财物，这是第四罪。又硬是杀掉了秦朝投降的国王子婴，这是第五罪。在新安，用欺骗的手段坑杀了秦朝子弟二十万，而封他们的将领做王，这是第六罪。你项羽让自己的将领都在好地方做王，而迁走原来的诸侯王，使臣下争为叛逆，这是第七罪。你项羽把义帝驱逐出彭城，自己建都彭城，夺取韩王的土地，合并梁、楚称王，多划给自己土地，这是第八罪。你项羽派人在江南暗杀义帝，这是第九罪。为人臣下而杀害了他的君主，屠杀已经投降的人，执政不公允，主持约定不守信用，为天下人所不容，大逆无道，这是第十罪。我带领正义之师随从诸侯来诛除残暴的贼人，派受过刑的罪人杀死你项羽，我何苦与你挑战！』项羽大怒，埋伏的弓弩射中了汉王。汉王伤了胸部，却摸着脚说：『这个贼人射中了我的脚趾！』汉王身受创伤，卧床不起，张良请汉王勉强起来巡行慰劳士卒，以安定军心，不让楚军乘机取胜于汉。汉王出来巡视军队，伤势加重，就驱车进入成皋休养。

【原文】

病愈，西入关，至栎阳，存问父老，置酒，枭[1]故塞王欣头栎阳市。留四日，复如军，军广武。关中兵益出。

【注释】

①枭：砍头悬挂示众。

【译文】

汉王病好了，向西进入函谷关，来到栎阳，慰问父老，设酒招待。砍了塞王司马欣的脑袋，挂在栎阳街市上示众。停了四天，又回到军中，驻扎在广武。关中的兵力大举出动。

【原文】

当此时，彭越将兵居梁地，往来苦楚兵，绝其粮食。田横往从之。项羽数击彭越等，齐王信又进击楚。项羽恐，乃与汉王约，中分天下，割鸿沟[1]而西者为汉，鸿沟而东者为楚。项王归汉王父母妻子，军中皆呼万岁，乃归而别去。

【注释】

①鸿沟：战国魏惠王时开凿的运河，故道从现在的河南荥阳市北引黄河水，东经中牟县北，至开封市南流，经

通许县东、太康县西，由淮阳县东南注入颍水。

【译文】

当时，彭越带兵驻扎梁地，来来往往地骚扰楚军，断绝它的粮食。田横前往依附彭越。项羽多次攻打彭越等人，齐王韩信又进攻楚军。项羽恐惧，就与汉王约定，平分天下，割鸿沟以西归汉，鸿沟以东归楚。项王送回了汉王的父母妻子，汉军全部高呼万岁，楚军告别汉军回到了驻地。

【原文】

项羽解而东归。汉王欲引而西归，用留侯、陈平计[①]，乃进兵追项羽，至阳夏南止军，与齐王信、建成侯彭越期会而击楚军。至固陵[②]，不会。楚击汉军，大破之。汉王复入壁，深堑而守之。用张良计[③]，于是韩信、彭越皆往。及[④]刘贾入楚地，围寿春[⑤]。汉王败固陵，乃使使者召大司马周殷举九江兵而迎武王[⑥]，行屠城父[⑦]，随刘贾、齐梁诸侯皆大会垓下[⑧]。立武王布为淮南王。

【注释】

①留侯、陈平计：即劝汉王乘楚兵疲粮尽，消灭楚军，不要养虎遗患。详见本书《项羽本纪》《汉书·高帝纪》。

②固陵：聚落名，属阳夏县，故地在今河南太康县南。③张良计：即张良劝汉王答应破楚后，从陈县以东至海边分给韩信，睢阳以北至谷城分给彭越，使他们为自己的利益而作战。详见本书《项羽本纪》《汉书·高帝纪》。④及：又。

⑤寿春：县名，故地在今安徽寿县。⑥周殷：原为楚大司马。汉高祖五年（前202年）十一月，刘贾南渡淮水，围寿春，汉派人诱降周殷。见本书《项羽本纪》《汉书·高帝纪》和《资治通鉴》。武王：即黥布。『武王』上原有『之』字，

《汉书·高帝纪》无，从文义看，当是衍文。⑦城父：聚落名，汉置县，故地在今安徽亳县东南。⑧垓下：聚落名，故地在今安徽灵璧县东南沱河北岸。

【译文】

项羽解兵东归。汉王想要领兵西还，后来采用留侯、陈平的计策，进兵追击项羽，到达阳夏南面收兵驻扎，与齐王韩信、建成侯彭越约定时间会合攻打楚军。到了固陵，韩信、彭越不来会合。楚军出击汉军，大败汉军。汉王又进入营垒，挖深了壕沟进行防守。汉王使用了张良的计策，于是韩信、彭越都前来会合。又有刘贾进入楚地，围攻寿春。汉王在固陵战败，就派使者去召大司马周殷，用全部的九江士卒迎接武王黥布，黥布、周殷在进军中攻下城父，大肆屠杀。他们随从刘贾和齐、梁的诸侯大会垓下。汉王封武王黥布为淮南王。

【原文】

五年，高祖与诸侯兵共击楚军，与项羽决胜垓下。淮阴侯将三十万自当之，孔将军①居左，费将军②居右，皇帝在后，绛侯、柴将军③在皇帝后。项羽之卒可十万。淮阴先合，不利，却。孔将军、费将军纵，楚兵不利，淮阴侯复乘之，大败垓下。项羽卒闻汉军之楚歌，以为汉尽得楚地，项羽乃败而走，是以兵大败。使骑将灌婴追杀项羽东城④，斩首八万，遂略定楚地，鲁为楚坚守，不下。汉王引诸侯兵北，示鲁父老项羽头，鲁乃降。遂以鲁公号葬项羽谷城⑤。还至定陶，驰入齐王壁，夺其军。

【注释】

①孔将军：即孔藂，韩信部将，以功封蓼侯。见本书《高祖功臣侯者年表》。②费将军：即陈贺，韩信部将，以功封费侯。见本书《高祖功臣侯者年表》《汉书·高惠高后文功臣表》。③绛侯：即周勃，沛县人，早年随从刘

邦起兵，转战四方，屡立军功，封为绛侯，食封绛县（今山西侯马市东北）八千余户。汉高祖、惠帝时曾为太尉，文帝时为丞相。其事详见本书《绛侯周勃世家》《汉书·周勃传》。柴将军：即柴武，以功封棘蒲侯。④东城：秦县，故地在今安徽定远县东南。⑤谷城：聚邑名，故地在今山东平阴县西南。

【译文】

五年（前202年），高祖和诸侯军一起攻打楚军，与项羽在垓下决一胜负。淮阴侯率兵三十万独当正面，孔将军布兵在左面，费将军布兵在右面，皇帝居后，绛侯、柴将军跟随在皇帝后面。项羽的士卒大约十万。淮阴侯首先会战，没有取胜，向后退却。孔将军、费将军纵兵出击，楚军不利，淮阴侯又乘势反攻，大败项羽于垓下。项羽的士兵听到汉军中的楚国歌声，以为汉军全部占领了楚地，项羽就败退逃跑，因此楚兵全军溃败。汉王派骑兵将领灌婴追击项羽，在东城杀了他，斩首八万，于是平定了楚地。鲁县为楚国坚守城池，汉军没有攻下，汉王带领诸侯军北上，把项羽的头给鲁县父老们看，鲁县才投降了。于是就用鲁公的封号在谷城埋葬了项羽。汉王回到定陶，驰入齐王营垒，夺了他的军队。

【原文】

正月，诸侯及将相相与共请尊汉王为皇帝。汉王曰：『吾闻帝贤者有也，空言虚语，非所守也，吾不敢当帝位。』群臣皆曰：『大王起微细，诛暴逆，平定四海，有功者辄裂地而封为王侯。大王不尊号，皆疑不信。臣等以死守之。』汉王三让，不得已，曰：『诸君必以为便，便国家。』甲午①，乃即皇帝位汜水之阳②。

【注释】

①甲午：二月甲午，即二月初三日。②汜水：故道在今山东曹县北，从古济水分流，东北经定陶县注入古菏泽，

现已淤塞。阳：水北和山南皆称『阳』。

【译文】

正月，诸侯和将相互相约好一起请求尊崇汉王为皇帝。汉王说：『我听说皇帝这一尊号属于有贤德的人，虚言浮语、空有其名的这种人是不能占有的，我不敢承受皇帝之位。』群臣都说：『大王起于贫寒，诛暴讨逆，平定四海，有功的就割地封为王侯。大王不尊崇名号，大家对自己的封号都要疑虑，不敢信以为真。臣等誓死坚持大王尊称皇帝。』汉王再三谦让，迫不得已，说：『大家一定以为这样有利于国家。为了对国家有利（我只好做皇帝了）。』甲午，在汜水北面即皇帝位。

【原文】

皇帝曰义帝无后，齐王韩信习楚风俗，徙为楚王，都下邳。立建成侯彭越为梁王，都定陶。故韩王信为韩王，都阳翟[①]。徙衡山王吴芮为长沙王，都临湘[②]。番君之将梅鋗有功，从入武关，故德番君。淮南王布、燕王臧荼、赵王敖皆如故。

【注释】

①阳翟：战国时曾为韩国都城，秦置县，故地在今河南禹县。②临湘：秦县，因临湘水得名，故地在今湖南长沙市。

【译文】

皇帝说义帝没有后代，齐王韩信熟悉楚地风俗，迁徙为楚王，建都下邳。封建成侯彭越为梁王，建都定陶。原来的韩王信仍为韩王，建都阳翟。迁徙衡山王吴芮为长沙王，建都临湘。番君的将领梅销立有战功，跟随进入武关，所以皇帝感谢番君的恩德。淮南王黥布、燕王臧荼、赵王张敖都保持过去的封号。

【原文】

天下大定。高祖都雒阳，诸侯皆臣属。故临江王驩[1]为项羽叛汉，令卢绾、刘贾围之，不下。数月而降，杀之雒阳。

【注释】

①驩：同『欢』。本书或作『尉』，《汉书》皆作『尉』。临江王共敖之子。

【译文】

天下基本平定。高祖建都雒阳，诸侯都成为高祖的属臣。原来的临江王共驩为了项羽起兵叛汉，命令卢绾、刘贾围攻共驩，没有攻克。几个月后投降了，在雒阳杀了共驩。

【原文】

五月，兵皆罢归家。诸侯子在关中者复[1]之十二岁，其归者复之六岁，食[2]之一岁。

【注释】

①复：免除徭役赋税。②食：供给饮食。

【译文】

五月，士卒都解甲回家。诸侯国的士卒留在关中的免除徭役十二年，那些回家乡的免除徭役六年，发给粮食供养一年。

【原文】

高祖置酒雒阳南宫。高祖曰：『列侯诸将无敢隐朕①，皆言其情。吾所以有天下者何？项氏之所以失天下者何？』高起②、王陵对曰：『陛下慢而侮人，项羽仁而爱人。然陛下使人攻城略地，所降下者因以予之，与天下同利也。项羽妒贤嫉能，有功者害之，贤者疑之，战胜而不予人功，得地而不予人利，此所以失天下也。』高祖曰：『公知其一，未知其二。夫运筹策帷帐之中，决胜于千里之外，吾不如子房③。镇国家，抚百姓，给馈饷，不绝粮道，吾不如萧何。连百万之军，战必胜，攻必取，吾不如韩信。此三者，皆人杰也，吾能用之，此吾所以取天下也。项羽有一范增而不能用，此其所以为我擒也。』

【注释】

①朕：我。秦以前上下都可以自称『朕』，从秦始皇始规定专用作天子自称。②高起：本书只此一见，《汉书》也仅见于《高帝纪》，事迹已不可考。有人怀疑『高起』二字是衍文。③子房：张良的字。

【译文】

高祖在雒阳南宫摆设酒席。高祖说：『各位诸侯和将领不要隐瞒我，都要说心里话。我所以能够得到天下是什么原因？项氏所以失去天下是什么原因？』高起、王陵回答说：『陛下傲慢而侮辱人，项羽仁慈而爱护人。然而陛下派人攻城略地，所招降攻占的地方就封给他，与天下人利益相共。项羽嫉贤妒能，有功的人加以陷害，贤能的人受到怀疑，打了胜仗而不论功行赏，取得了土地而不与分利，这就是他所以失去天下的原因。』高祖说：『你们知其一，不知其二。说到在帷帐中运筹划策，决胜于千里之外，我不如子房。镇守国家，安抚百姓，供给军粮，畅通粮道，我不如萧何。连兵百万，战必胜，攻必克，我不如韩信。这三个人，都是人中俊杰，我能任用他们，这是我所以取得天下的原因。项羽有一个范增而不能任用，这是他所以被我擒杀的原因。』

【原文】

高祖欲长都雒阳，齐人刘敬[1]说，及留侯劝上入都关中，高祖是日驾，入都关中。六月，大赦天下。

【注释】

①刘敬：本姓娄。汉高祖五年（前202年），以戍卒身份求见高祖，建议西都关中，意见被高祖采纳，赐姓刘，拜为郎中，封奉春君，后又以谋议之功封为建信侯。《史记》《汉书》皆有传。

【译文】

高祖想长期建都雒阳，齐人刘敬劝阻高祖，等到留侯说服高祖入都关中，当天高祖命驾起身，进入关中建都。六月，大赦天下。

【原文】

十月[1]，燕王臧荼反，攻下代地。高祖自将击之，得燕王臧荼。即立太尉卢绾为燕王。使丞相哙将兵攻代。

【注释】

①十月：当作『七月』。

【译文】

十月，燕王臧荼反叛，攻下代地。高祖亲自统率军队攻打他，擒获了燕王臧荼，随即立太尉卢绾为燕王。派丞相樊哙领兵攻代。

【原文】

其秋，利几[1]反，高祖自将兵击之，利几走。利几者，项氏之将。项氏败，利几为陈公，不随项羽，亡降高祖，高祖侯之颍[2]川。高祖至雒阳，举通侯[3]籍召之，而利几恐，故反。

【注释】

①利几：姓利，名几。为陈县（在今河南淮阳县）令。楚国县令称『公』，所以下文云『利几为陈公』。②颍川：郡名，治阳翟。辖地在今河南中部。③举：所有，全部。通侯：秦、汉封爵中最高的一级。本名彻侯，避汉武帝刘彻讳改称『通侯』，又称『列侯』。

【译文】

这年秋天，利几反叛，高祖亲自带兵攻打他，利几逃走了。利几这个人，是项氏的将领。项氏失败时，利几为陈县县令，没有跟随项羽，逃走投降了高祖，高祖封他在颍川为侯。高祖到达雒阳，根据全部通侯名籍遍召通侯，利几也被召。利几很惶惧，因此起兵反叛。

【原文】

六年，高祖五日一朝太公，如家人父子礼。太公家令[1]说太公曰：『天无二日，土无二王[2]。今高祖虽子，人主也；太公虽父，人臣也。奈何令人主拜人臣！如此，则威重不行。』后高祖朝，太公拥篲[3]，迎门却行。高祖大惊，下扶太公。太公曰：『帝，人主也，奈何以我乱天下法！』于是高祖乃尊太公为太上皇。心善家令言，赐金五百斤。

【注释】

①太公家令：负责服侍太公并为其掌管家事的官员。②天无二日，土无二王：孔子语，《礼记·曾子问》《坊记》都有记载。③太公拥篲：太公手里拿着扫帚，表示亲自为高祖清扫执役，这是一种恭敬卑下的姿态。篲，扫帚。

【译文】

六年（前201年），高祖五天朝见一次太公，（跪拜）如同一般百姓的父子礼节。太公家令劝诫太公说：『天无二日，地无二主。如今高祖虽然是你的儿子，但他是万民的君主；太公虽然是高祖的父亲，但属于臣下。怎么能让君主拜见臣下！这样，就使君主失去了威严和尊贵。』后来高祖朝拜太公，太公抱着扫帚，在门口迎接，倒退着行走。高祖大惊，下车搀扶太公。太公说：『皇帝是万民的君主，怎么能因为我的缘故破坏了天下的法纪！』于是高祖就尊奉太公为太上皇。高祖内心赞美家令的话，赏赐给他黄金五百斤。

【原文】

十二月，人有上变事告楚王信谋反，上问左右，左右争欲击之。用陈平计，乃伪游云梦①，会诸侯于陈，楚王信迎，即因执之。是日，大赦天下。田肯②贺，因说高祖曰：『陛下得韩信，又治秦中③。秦，形胜④之国，带河山之险，县⑤隔千里，持戟百万，秦得百二⑥焉。地埶⑦便利，其以下兵于诸侯，譬犹居高屋之上建瓴水⑧也。夫齐，东有琅邪、即墨⑨之饶，南有泰山之固，西有浊河⑩之限，北有勃⑪海之利。地方二千里，持戟百万，县隔千里之外，齐得十二焉。故此东西秦也。非亲子弟，莫可使王齐矣。』高祖曰：『善。』赐黄金五百斤。

【注释】

①云梦：泽薮名，在南郡华容县（今湖北潜江县西南）南。②田肯：本书只此一见，《汉书》也仅见于《高帝纪》，事迹不详。③秦中：秦朝故地，即关中。④形胜：地理形势优越。⑤县：通『悬』。『县隔千里』，是说秦地与诸侯国隔越千里。⑥百二：百倍。古人谓『倍』为『二』。意谓秦地比其他地方好一百倍。下文『十二』，义与此同，只不过为了避免行文重复，使用了不同的说法。⑦埶：与『势』字同。⑧建：通『瀽』，倾倒。瓴：盛水用的瓶子。『高屋之上建瓴水』，从高大的屋顶上用瓶子往下倒水。另有一说，『瓴水』，瓦沟。『高屋之上建瓴水』，高大的屋顶上建有流水的瓦沟，水极易往下流。不论怎样解释，高屋建瓴都是用以形容居高临下的有利形势。⑨琅邪：县名，故地在今山东胶南市琅邪台西北。秦时为琅邪郡郡治，汉把郡治移至东武，即今山东诸城市。即墨：县名，故地在今山东平度市东南。琅邪、即墨近海，物产丰富。⑩浊河：即黄河。黄河水流浑浊，故称『浊河』。⑪勃海之利：指鱼盐之利。勃，通『渤』。

【译文】

十二月，有人上书告发楚王韩信谋反。高祖询问左右大臣，大臣们争着要去攻打韩信。高祖采用陈平的计策，假装巡游云梦泽，在陈县会见诸侯，楚王韩信去迎接，就乘机逮捕了他。这一天，大赦天下。田肯来祝贺，就劝高祖说：『陛下抓到韩信，又建都秦中。秦地是地理形势优越的地方，有山河之险，与诸侯国悬隔千里，持戟武士一百万，秦比其他地方好上一百倍。地势便利，从这里出兵诸侯，犹如高屋建瓴。要说那齐地，东有琅邪、即墨的富饶，南有泰山的险固，西有浊河这一天然界限，北有渤海鱼盐之利，地方二千里，持戟武士一百万，与各诸侯国悬隔千里之外，齐比其他地方好上十倍。所以这两个地方是东秦和西秦。不是陛下的亲子弟，不要派他在齐地做王。』高祖说：『好。』

赏赐黄金五百斤。

【原文】

后十余日，封韩信为淮阴侯，分其地为二国。高祖曰将军刘贾数有功，以为荆王[①]，王淮东。弟交[②]为楚王，王淮西。子肥[③]为齐王，王七十余城，民能齐言者皆属齐。乃论功，与诸列侯[④]剖符行封。徙韩王信太原[⑤]。

【注释】

①荆王：据《汉书·高帝纪》，汉高祖六年（前201年）正月，把楚汉之际设置的东阳郡、鄣郡、吴郡五十三县封给刘贾，地域包括今安徽东部、浙江西北部、江苏大部。吴郡即秦会稽郡的一部分，属县阳羡（今江苏宜兴县南）境内有荆山，刘贾被封在吴地而称荆王，即取义于此。②交：高祖同母弟，字游。事见本书《楚元王世家》《汉书·荆王刘贾传》。③肥：高祖的长子，庶出，母为曹氏。事见本书《齐悼惠王世家》《汉书·齐悼惠王肥传》。④列侯：彻侯。⑤太原：郡名，辖境在今山西中部。

【译文】

后来十多天，封韩信为淮阴侯，把他的封地分作两个国。高祖说将军刘贾屡建战功，封为荆王，称王淮东。弟弟刘交为楚王，称王淮西。儿子刘肥为齐王，封给七十余城，百姓中能讲齐地语言的都归属齐国。高祖论定功劳大小，与列侯剖符为信，封侯食邑。把韩王信迁徙到太原。

【原文】

七年，匈奴攻韩王信马邑[①]，信因与谋反太原。白土曼丘臣、王黄立故赵将赵利[②]为王以反，高祖自往击之。会天寒，士卒堕指者什二三，遂至平城③。匈奴围我平城，七日而后罢去。令樊哙止定代地。立兄刘仲④为代王。

【注释】

①马邑：县名，为韩王信封国的都城，故地在今山西朔县。②白土：汉县，属上郡，故地在今陕西神木县西。曼丘臣：姓曼丘，名臣，与王黄都是韩王信将领。韩王信以马邑降匈奴，起兵反汉，高祖率军击破韩王信，信逃入匈奴。曼丘臣、王黄立赵利为王，收集韩王信散兵，与汉为敌。事详本书《韩王信列传》。赵将赵利：本书《韩王信列传》云『赵苗裔赵利』，《汉书·高帝纪》云『赵后赵利』，都没有说赵利为赵将。③平城：汉县，故地在今山西大同市东北。县东北有白登山，是高祖破围之处。④刘仲：高祖兄弟四人，长兄伯早卒，次兄仲，弟交。刘仲，《汉书·高帝纪》称代王喜，《史记·楚元王世家》《吴王濞列传》《集解》并引徐广说，云名喜，字仲。

【译文】

七年（前200年），匈奴在马邑攻打韩王信，韩王信就与匈奴在太原谋反。白土曼丘臣、王黄立原来的赵国将领赵利为王，反叛汉朝，高祖亲自前往讨伐。正遇上天气寒冷，士卒十人中有两三个都冻掉了手指头，终于到达了平城。匈奴在平城围困高祖，七天之后才撤兵离去。命令樊哙留下来平定代地。立哥哥刘仲为代王。

【原文】

二月，高祖自平城过赵、雒阳，至长安①。长乐宫②成，丞相已③下徙治长安。

【注释】

①长安：汉高祖五年（前202年）所置县，七年迁都于此，故地在今陕西西安市西北郊渭河南岸。②长乐宫：

在汉长安城内东南隅，为高祖经常视朝之处，惠帝后朝会移至未央宫，长乐宫改为太后居地。③已：与「以」字通。

【译文】

二月，高祖从平城经过赵地、雒阳，到了长安。长乐宫已经建成，丞相以下迁到新都长安。

【原文】

八年（前199年），高祖东击韩王信余反寇于东垣①。

【注释】

①东垣：秦县，汉高祖十一年（前196年）改名真定，故地在今河北石家庄市东。

【译文】

八月，高祖率军东去，在东垣攻打韩王信的残余叛贼。

【原文】

萧丞相营作未央宫①，立东阙、北阙、前殿、武库、太仓②。高祖还，见宫阙壮甚，怒，谓萧何曰：「天下匈匈③，苦战数岁，成败未可知，是何治宫室过度④也？」萧何曰：「天下方未定，故可因遂就⑤宫室。且夫天子以四海为家，非壮丽无以重威，且无令后世有以加也。」高祖乃说⑥。

【注释】

①未央宫：在汉长安城内西南隅。《三辅黄图》卷二云：「未央宫周回二十八里。」②阙：又称「象魏」。宫殿、祠庙、陵墓前的建筑物，通常左右各一，筑成高台，台上建造楼观。因两阙之间有空缺作为通道，故名「阙」。前殿：

据《三辅黄图》卷二记载，东西五十丈，深十五丈，高三十五丈，召见诸侯和群臣之处。『武库』，主要用于储藏兵器的仓库。太仓：储积粟谷的粮仓。③匈匈：字通『恟恟』，扰攘不安。④度：法制，规定。⑤因遂：犹今言『就乘此机会』。《汉书·高帝纪》作『因以』，辞义相同。就：成。⑥说：通『悦』。

【译文】

萧丞相修筑未央宫，建立东阙、北阙、前殿、武库、太仓。高祖回来，看见宫阙极为壮丽，非常生气，对萧何说：『天下喧扰不安，苦战数年，成败尚未可知，现在为什么要修建宫室豪华过度呢？』萧何说：『正是因为天下没有安定，所以才乘这个时机建成宫室。况且天子以四海为家，宫室不壮观华丽，就不足以显示天子的尊贵和威严，并且也是为了不让后世的宫室有所超过。』于是高祖高兴了。

【原文】

高祖之东垣，过柏人①，赵相贯高②等谋弑高祖，高祖心动，因不留③。代王刘仲弃国亡④，自归雒阳，废以为合阳⑤侯。

【注释】

①柏人：汉县，属赵国，故地在今河北隆尧县西。②贯高：张耳门客，后为赵王张敖丞相。③高祖心动，因不留：据《张耳列传》记载，高祖想在柏人留宿，心脏跳动异常，问县名是什么，有人回答说是柏人。高祖说：『柏人者，迫于人也。』没有留宿就离开了柏人。这纯属附会。④代王刘仲弃国亡：当时匈奴攻代，刘仲不能坚守，弃国逃亡。见本书《吴王濞列传》。⑤合阳：本书《吴王濞列传》作『郃阳』，县名，故地在今陕西合阳县东南。

【译文】

高祖去东垣，经过柏人，赵相贯高等谋杀高祖，高祖心动异常，因而没有在柏人停留。代王刘仲弃国逃跑，自己回到雒阳，被废为合阳侯。

【原文】

九年，赵相贯高等事发觉，夷三族①。废赵王敖为宣平侯。是岁，徙贵族楚昭、屈、景、怀、齐田氏关中。

【注释】

①三族：历来解释不一，或以父族、母族、妻族为三族，或以父、子、孙为三族，或以父母、兄弟、妻子为三族。前一说较为通行。

【译文】

九年（前198年），赵相贯高等策划谋杀高祖的事被发觉了，高祖处死了他们的三族。废赵王张敖为宣平侯。这一年，把楚国贵族昭氏、屈氏、景氏、怀氏和齐国贵族田氏迁徙到关中。

【原文】

未央宫成。高祖大朝诸侯群臣，置酒未央前殿。高祖奉玉卮①，起为太上皇寿，曰：『始大人常以臣无赖②，不能治产业，不如仲力。今某之业所就孰与仲多？』殿上群臣皆呼万岁，大笑为乐。

【注释】

①卮：盛酒的器具。②无赖：没有持以谋生的手段。赖，依恃。

【译文】

未央宫建成了。高祖大朝诸侯和群臣，在未央宫前殿摆设酒宴。高祖手捧玉制酒杯，起身给太上皇祝寿，说：『当初大人常常认为我是无以谋生的二流子，不能料理产业，不如仲勤劳。如今我成就的事业与仲相比，谁的多呢？』殿上群臣都高呼万岁，大笑作乐。

【原文】

十年十月，淮南王黥布、梁王彭越、燕王卢绾、荆王刘贾、楚王刘交、齐王刘肥、长沙王吴芮皆来朝长乐宫。春夏无事。七月，太上皇崩栎阳宫①。楚王、梁王皆来送葬。赦栎阳囚。更命郦邑曰新丰②。

【注释】

①崩：按照封建等级制，皇帝死称『崩』，诸侯死称『薨』，大夫死称『卒』。栎阳宫：高祖为汉王时，建都栎阳，此地有秦献公修建的宫室。②新丰：汉高祖入都关中后，太上皇思念故乡，高祖就在故秦郦邑仿照丰邑营筑街巷，并迁故旧于此，求得太上皇的欢心。至此又改换了县名。故地在今陕西临潼区东北。

【译文】

十年（前197年）十月，淮南王黥布、梁王彭越、燕王卢绾、荆王刘贾、楚王刘交、齐王刘肥、长沙王吴芮都来长乐宫朝见。春夏无事。七月，太上皇崩于栎阳宫，楚王、梁王都来送葬。赦免栎阳的囚犯。郦邑改名新丰。

【原文】

八月，赵相国陈豨[①]反代地。上曰：『豨尝为吾使，甚有信。代地吾所急也，故封豨为列侯，以相国守代，今乃与王黄等劫掠代地！代地吏民非有罪也，其赦代吏民。』九月，上自东往击之。至邯郸，上喜曰：『豨不南据邯郸而阻漳水[②]，吾知其无能为也。』闻豨将皆故贾[③]人也，上曰：『吾知所以与之。』乃多以金啖[④]豨将，豨将多降者。

【注释】

①陈豨：宛朐（今山东菏泽市西南）人。汉高祖七年（前200年），韩王信叛入匈奴，高祖封陈豨为列侯，以赵相国身份监领赵、代边兵。赵相周昌向高祖告发陈豨招致宾客，多年拥兵在外，恐有不测。高祖召见陈豨，陈豨称病不至，自立为代王，起兵反汉。事详本书《卢绾列传》所附《陈豨列传》，又见《汉书·卢绾传》所附《陈豨传》。②邯郸：战国时为赵都城，汉初又为赵封国都城，故地在今河北邯郸市。漳水：今名漳河，源出今山西东南，流经今河北与河南交界处。③贾：商人。『商』与『贾』古代略有区别，居肆售货的叫『贾』，流动售货的叫『商』。④啖：以利诱人。

【译文】

八月，赵相国陈豨在代地反叛。高祖说：『陈豨曾经做过我的使者，很遵守信用。代地是我所看重的地方，因此封陈豨为列侯，以相国名义守卫代地，如今竟和王黄等劫掠代地。代地的官吏和百姓并非有罪，赦免代地的吏民。』九月，高祖亲自东去攻打陈豨。到达邯郸，高祖高兴地说：『陈豨不南去据守邯郸，而凭借漳水为阵，我知道他是没有本事的。』听说陈豨的将领都是过去的商人，高祖说：『我知道该怎样对付他们了。』于是就多用黄金引诱陈豨的将领，陈豨的将领有很多投降的。

【原文】

十一年，高祖在邯郸诛豨等未毕，豨将侯敞将万余人游行，王黄军曲逆[1]，张春渡河击聊城[2]。汉使将军郭蒙[3]与齐将击，大破之。太尉周勃道太原入，定代地。至马邑，马邑不下，即攻残之。

【注释】

①曲逆：汉县，故地在今河北顺平县东南。②张春：陈豨部将。聊城：汉县，故地在今山东聊城市西北。③郭蒙：初为吕泽部下，入汉为将军，以功封东武侯。见本书《高祖功臣侯者年表》《汉书·高惠高后文功臣表》。

【译文】

十一年（前196年），高祖在邯郸讨伐陈豨等人还没有结束，陈豨的将领侯敞带领一万多人流动作战，王黄驻军曲逆，张春渡过黄河进攻聊城。汉派将军郭蒙与齐国的将领出击，把他们打得大败。太尉周勃从太原进军，平定代地。到了马邑，一时没有攻克，后来就把它攻打得城破人亡。

【原文】

豨将赵利守东垣，高祖攻之，不下。月余，卒骂高祖，高祖怒。城降，令出骂者斩之，不骂者原之。于是乃分赵山北[1]，立子恒以为代王，都晋阳[2]。

【注释】

①分赵山北：指高祖废代王刘仲为合阳侯后，封子刘如意为代王。②晋阳：故地在今山西太原市西南的晋源镇。

【译文】

陈豨的将领赵利防守东垣，高祖攻打东垣，没有攻下。一个多月后，赵利的士卒辱骂高祖，高祖十分气愤。东垣投降了，命令交出辱骂高祖的人斩首处死，没有辱骂高祖的就宽恕了他们。于是划出赵国常山以北的地方，封儿子刘恒为代王，建都晋阳。

【原文】

春，淮阴侯韩信谋反关中，夷三族。

夏，梁王彭越谋反，废迁蜀；复欲反，遂夷三族。立子恢[①]为梁王，子友[②]为淮阳王。

【注释】

①恢：高祖第五子。初封梁王，吕后时徙封赵王，后自杀。事见《汉书·高五王传》。②友：高祖第六子。初封淮阳王，吕后时，赵王刘恢自杀后，徙为赵王，被吕后幽禁而死。事见《汉书·高五王传》。

【译文】

春天，淮阴侯韩信谋反关中，处死了他的三族。

夏天，梁王彭越谋反，废除他的封号，迁徙蜀地。他又要反叛，于是就处死了他的三族。封儿子刘恢为梁王，儿子刘友为淮阳王。

【原文】

秋七月，淮南王黥布反，东并荆王刘贾地，北渡淮，楚王交走入薛。高祖自往击之。立子长[①]为淮南王。

【注释】

①长：高祖第七子。汉文帝六年（前174年）谋反，被废为庶人，迁徙蜀地，途中绝食身死。《史记》《汉书》皆有传。

【译文】

秋天七月，淮南王黥布反叛，向东兼并了荆王刘贾的土地，北进渡过淮水。楚王刘交跑到薛县。高祖亲自前往讨伐他，封儿子刘长为淮南王。

【原文】

十二年，十月，高祖已击布军会甀[1]，布走，令别将追之。

【注释】

①会甀：乡名，在当时蕲县西。

【译文】

十二年（前195年）十月，高祖在会甀已经击败黥布的军队，黥布逃走。高祖命令别将追击他。

【原文】

高祖还归，过沛，留。置酒沛宫，悉召故人父老子弟纵酒，发沛中儿得百二十人，教之歌。酒酣，高祖击筑[1]，自为歌诗曰：『大风起兮云飞扬，威加海内兮归故乡，安得猛士兮守四方！』令儿皆和习之。高祖乃起舞，慷慨伤怀，泣数行下。谓沛父兄曰：『游子悲故乡。吾虽都关中，万岁后吾魂魄犹乐思沛。且朕自沛公以诛暴逆，遂有天下，其以沛为朕汤沐邑[2]，复其民，世世无有所与[3]。』沛父兄诸母故人日乐饮极欢，道旧故为笑乐。十余日，高祖欲去，沛父兄固请留高祖。高祖曰：『吾人众多，父兄不能给。』乃去。沛中空县皆之邑西献。高祖复留止，张[4]饮三日，沛父兄皆顿首曰：『沛幸得复，丰未复，唯陛下哀怜之。』高祖曰：『丰吾所生长，极不忘耳，吾特为其以雍齿故反我为魏。』沛父兄固请，乃并复丰，比沛。于是拜沛侯刘濞[5]为吴王。

【注释】

①筑：乐器。形似筝，颈细肩圆，十三弦，用竹尺击打演奏。今已失传。②汤沐邑：据《礼记·王制》，周诸侯朝见天子，天子在王畿内赐给供住宿和斋戒沐浴的封邑叫汤沐邑。后来皇帝、皇后、公主等收取赋税的私邑也都叫汤沐邑，意谓所收赋税用汤沐之资的封邑。③与：通『预』，参预。这里指参加服徭役。④张：通『帐』。⑤刘濞：刘仲之子，二十岁为骑将，随从高祖击破黥布，封为吴王。景帝时，他反对汉中央政府的削藩政策，发动吴、楚七国之乱，失败后逃入东越，被东越人所杀。事详《史记》《汉书》本传。

【译文】

高祖率军归还，路过沛县，停留下来。在沛宫摆设酒宴，把过去的朋友和父老子弟全部召集来纵情畅饮。挑选沛中儿童，得到了一百二十人，教他们唱歌。酒喝到酣畅，高祖击着筑，自己作了一首诗，唱起来：『大风起兮云飞扬，威加海内兮归故乡，安得猛士兮守四方！』让儿童都跟着学唱。高祖又跳起舞，感慨伤怀，泪下数行，对沛县父兄们说：『远游的人思念故乡。我虽然建都关中，千秋万岁后，我的魂魄还是愿意怀思沛县。我从做沛公开始，诛暴讨逆，终于取得了天下。用沛县作为我的汤沐邑，免除沛县百姓的徭役，世世代代不用服徭役。』沛县父老兄弟、长辈妇女、旧日朋友，天天开怀畅饮，极为欢欣，说旧道故，取笑作乐。过了十多天，高祖想要离去，沛县父老兄弟执意挽留高祖。高祖说：『我的随从人员众多，父兄们供养不起。』于是高祖就动身了。沛县百姓倾城而出，都到城西贡献牛酒。高祖又停留下来，搭起帐篷，饮宴三天。沛县父兄们都叩头请求说：『沛县幸运地得到免除徭役，丰邑还没有获准免除，请陛下哀怜丰邑。』高祖说：『丰邑是我生长的地方，绝不会忘记，我只是因为丰邑以雍齿的缘故反叛我而去帮助魏国（所以才不免除它的徭役）。』沛县父兄们坚持请求，这才一并免除了丰邑的徭役，和沛县相同。封沛侯刘濞为吴王。

【原文】

汉将别击布军洮水①南北，皆大破之，追得斩布鄱阳②。

【注释】

①洮水：《水经注》卷三八载，洮水源出洮阳县西南大山，东北流经县南，又东流注入湘水。洮阳在今广西全州西北。②追得斩布鄱阳：据本书《黥布列传》，黥布与汉军交战，失败后，渡过淮水，与百余人逃至江南。黥布原与番君吴芮联姻。吴芮之子长沙哀王使人骗布，诱走越地。布信以为真，来到鄱阳，鄱阳人杀布。『鄱阳』，或作『番阳』。

【译文】

汉军将领在洮水南北两路追击黥布的军队，都大破黥布军，在鄱阳追获杀死了黥布。

【原文】

樊哙别将兵定代，斩陈豨当城①。

【注释】

①当城：汉县，故地在今河北蔚县东北。

【译文】

樊哙另带一支部队平定代地，在当城杀死了陈豨。

【原文】

十一月，高祖自布军至长安。十二月，高祖曰："秦始皇帝、楚隐王陈涉、魏安釐王、齐缗王、赵悼襄王①皆绝无后，予守冢各十家，秦皇帝二十家，魏公子无忌②五家。"赦代地吏民为陈豨、赵利所劫掠者，皆赦之。陈豨降将言豨反时，燕王卢绾使人之豨所，与阴谋。上使辟阳侯③迎绾，绾称病。辟阳侯归，具言绾反有端④矣。二月，使樊哙、周勃将兵击燕王绾。赦燕吏民与反者。立皇子建⑤为燕王。

【注释】

①楚隐王陈涉："隐"是陈涉的谥号。魏安釐王：名圉，魏昭王之子，事详本书《魏世家》。齐缗王：名地，齐宣王之子，事详本书《田敬仲完世家》。赵悼襄王：名偃，赵孝成王之子，事详本书《赵世家》。②魏公子无忌：魏昭王之子，魏安釐王异母弟，封信陵君，礼贤下士，门下食客三千人，是战国著名的四公子之一。事详本书《魏公子列传》。③辟阳侯：即审食其，沛县人。楚汉相争时，一直随侍吕后，由此封为辟阳侯。吕后执政，官至左丞相。文帝即位后免相，被淮南王刘长击杀。④端：端兆，征兆。⑤建：高祖第八子，事见《汉书·高五王传》。

【译文】

十一月，高祖从征讨黥布的军队中回到长安。十二月，高祖说：『秦始皇帝、楚隐王陈涉、魏安釐王、齐缗王、赵悼襄王都绝嗣无后，分别给予十户人家看守坟墓，秦始皇帝二十家，魏公子无忌五家。』代地官吏和百姓被陈豨、赵利所胁迫的，全部赦免。陈豨的降将说陈豨反叛时，燕王卢绾派人去陈豨那里参与了阴谋策划。高祖派辟阳侯去接卢绾，卢绾称病不来。辟阳侯回来，详细说明了卢绾反叛已有征兆。二月，派樊哙、周勃率军出击燕王卢绾。赦免燕地官吏和百姓参加反叛的人。封皇子刘建为燕王。

【原文】

高祖击布时，为流矢所中，行道病。病甚，吕后迎良医。医入见，高祖问医。医曰：『病可治。』于是高祖嫚[1]骂之曰：『吾以布衣提三尺剑取天下，此非天命乎？命乃在天，虽扁鹊[2]何益！』遂不使治病，赐金五十斤罢之。已而吕后问：『陛下百岁[3]后，萧相国即死，令谁代之？』上曰：『曹参可。』问其次，上曰：『王陵可。然陵少戆[4]，陈平可以助之。陈平智有余，然难以独任。周勃重厚少文，然安刘氏者必勃也，可令为太尉。』吕后复问其次，上曰：『此后亦非而[5]所知也。』

【注释】

①嫚：通『谩』。②扁鹊：姓秦，名越人，战国齐勃海鄚（今河北任邱县）人，学医于长桑君，为一代名医。③百岁：古人认为人寿命长不过百岁，因此用『百岁』作为死的讳称。④戆：憨厚而刚直。⑤而：你。

【译文】

高祖攻打黥布时，被流矢射中，行进途中得了病。病情严重，吕后请来好医生。医生进去见高祖，高祖询问医生，医生说：『病可以治好。』于是高祖谩骂医生说：『我以一个布衣平民，手提三尺剑取得天下，这不是天命吗？命运在天，虽有扁鹊，又有什么用处！』高祖不让医生治病，赏赐黄金五十斤，叫他离去。不久吕后问高祖：『陛下百年以后，萧相国如果死了，让谁接替他？』高祖说：『曹参可以。』又问其次，高祖说：『王陵可以。然而王陵稍为憨直，陈平可以帮助他。陈平智慧有余，然而难以独任。周勃稳重厚道，缺少文才，但能安定刘氏天下的一定是周勃，可以让他做太尉。』吕后又问其次，高祖说：『这以后也不是你所能知道的。』

【原文】

卢绾与数千骑居塞下候伺，幸上病愈自入谢。

四月甲辰①，高祖崩长乐宫。四日不发丧。吕后与审食其谋曰：『诸将与帝为编户民②，今北面为臣，此常怏怏，今乃事少主，非尽族是，天下不安。』人或闻之，语郦将军③。郦将军往见审食其，曰：『吾闻帝已崩，四日不发丧，欲诛诸将。诚如此，天下危矣。陈平、灌婴将十万守荥阳，樊哙、周勃将二十万定燕、代，此闻帝崩，诸将皆诛，必连兵还乡以攻关中。大臣内叛，诸侯外反，亡可翘足④而待也。』审食其入言之，乃以丁未⑤发丧，大赦天下。

【注释】

①四月甲辰：四月二十五日。此年为公元前195年。②编户民：编入户口簿籍的平民百姓。③郦将军：即郦商，郦食其之弟。④翘足：举足，抬起脚来，用以形容时间短暂。⑤丁未：四月二十八日。

【译文】

卢绾和数千名骑兵停留在边塞等待着，希望高祖病好了，自己去向高祖请罪。

四月甲辰，高祖崩于长乐宫。过了四天不发丧。吕后和审食其商量说：『将领们和皇帝同为编户平民，如今北面称臣，为此常常怏怏不乐。现在事奉年轻的皇帝，（心里会更不高兴，）不全部族灭这些人，天下不会安定。』有人听到了这个消息，告诉了郦将军。郦将军去见审食其，说：『我听说皇帝已经驾崩，四天不发丧，想要诛杀将领们。如果真是这样，天下就危险了。陈平、灌婴统率十万士卒驻守荥阳，樊哙、周勃统率二十万士卒平定燕、代，这时他们听到皇帝驾崩，将领们全都被杀，必定连兵回来向关中进攻。大臣叛乱于内，诸侯造反于外，天下覆灭可以翘足而待了。』审食其进宫把这些话告诉了吕后，于是在丁未发丧，大赦天下。

【原文】

卢绾闻高祖崩，遂亡入匈奴。

丙寅①，葬。己巳②，立太子③，至太上皇庙。群臣皆曰：『高祖④起微细，拨乱世反⑤之正，平定天下，为汉太祖，功最高。』上尊号为高皇帝。太子袭号为皇帝，孝惠帝也。令郡国诸侯各立高祖庙，以岁时祠。

【注释】

①丙寅：五月十七日。②己巳：五月二十日。③立太子：汉王二年六月已立刘盈为太子，此文有误。疑『立』字当作『皇』。④高祖：《汉书·高帝纪》作『帝』。⑤反：通『返』。

【译文】

卢绾听说高祖驾崩，就逃入匈奴。

丙寅，安葬了高祖。己巳，立太子为皇帝，来到太上皇庙。群臣都说：『高祖起于细微平民，拨乱反正，平定天下，是汉朝的开国始祖，功劳最高。』上尊号为高皇帝。太子袭号为皇帝，这就是孝惠帝。命令各郡和各国诸侯建立高祖庙，按照每年的时节祭祀。

【原文】

及孝惠五年，思高祖之悲乐沛，以沛宫为高祖原庙①。高祖所教歌儿百二十人，皆令为吹乐，后有缺，辄补之。

【注释】

①原庙：再立的宗庙。已在长安立庙，现又在沛立庙，故称为『原庙』。

【译文】

到了孝惠帝五年（前190年），孝惠帝思念高祖回沛时的悲乐情景，就把沛宫作为高祖原庙。高祖所教唱歌的儿童一百二十人，都让他们做高祖原庙中演奏音乐的人员，以后有缺额，就立刻补上。

【原文】

高帝八男：长庶①齐悼惠王肥；次孝惠，吕后子；次戚夫人②子赵隐王如意；次代王恒，已立为孝文帝，薄太后③子；次梁王恢，吕太后时徙为赵共王；次淮阳王友，吕太后时徙为赵幽王；次淮南厉王长；次燕王建。

【注释】

①庶：庶孽，即姬妾之子。刘邦微贱时与外妇曹氏相通生刘肥，为庶出长子。②戚夫人：即戚姬，为高祖所宠幸。高祖死后，被吕后摧残，置于厕中，叫作“人彘”。事详本书《吕太后本纪》。③薄太后：即薄姬，文帝即位后，改称薄皇太后。《史记》《汉书》皆有传。

【译文】

高皇帝八个儿子：长子是庶出的齐悼惠王肥；其次是孝惠帝，吕后所生；再次是戚夫人生的赵隐王如意；再次是代王恒，已立为孝文帝，薄太后所生；再次是梁王恢，吕太后时徙为赵共王；再次是淮阳王友，吕太后时徙为赵幽王；再次是淮南厉王长；再次是燕王建。

【原文】

太史公曰：夏之政忠①。忠之敝，小人以野②，故殷人承之以敬。敬之敝，小人以鬼③，故周人承之以文④。文之敝，小人以僿⑤，故救僿莫若以忠。三王之道若循环，终而复始。周秦之间，可谓文敝矣。秦政不改，反酷刑法，岂不缪⑥乎？故汉兴，承敝易变⑦，使人不倦，得天统矣。朝以十月。车服黄屋左纛⑧。葬长陵⑨。

【注释】

①忠：质朴厚道。②野：缺少礼节。③鬼：多威仪，像服侍鬼神一样。④文：文明，讲究尊卑等级。⑤僿：不诚恳。⑥缪：通“谬”。⑦承敝易变：承受弊端而加以改变。此指汉初废除秦朝苛刻的法律，与民约法三章，注重恢复农业生产等措施。⑧黄屋：皇帝乘坐的用黄缯作车盖里子的车。左纛：竖在车衡左方的用犛牛尾或雉尾成的装饰物。

⑨葬长陵：梁玉绳《史记志疑》卷六云：『此是错简，当在「丙寅」句下。』『长陵』为高祖的陵墓，在今陕西咸阳市秦都区窑店乡三义村。当时就陵墓所在设置新县，也以长陵为名。

【译文】

太史公说：夏朝的政治质朴厚道，质朴厚道的弊病在于使细民百姓粗野少礼，所以殷朝的人用恭敬而讲究威仪来承替它。恭敬而讲究威仪的弊病在于使细民百姓像侍奉鬼神一样的威仪繁多，所以周朝人用讲究尊卑等级来承替它。讲究尊卑等级的弊病在于使细民百姓不能以诚相见，所以补救不能以诚相见的办法没有比以质朴厚道为政更好的了。夏、商、周三王的治国法则循环往复，终而复始。周朝和秦朝之间，可以说是讲究尊卑等级的弊病都暴露出来了。秦始皇嬴政不加以改变，反而使刑法残酷，难道不是荒谬的吗？所以汉朝兴起，面对过去的弊病，改变了治国法则，使百姓不疲倦，得到天道的规律了。规定每年十月诸侯王到京城朝见皇帝。车服有定制，皇帝的车子用黄缯做盖的里子，车衡左边竖立毛羽制成的幢。安葬高祖于长陵。

书

礼书①

【原文】

太史公曰：洋洋美德乎②！宰制万物，役使群众，岂人力也哉③？余至大行礼官④，观三代损益，乃知缘人情而制礼，依人性而作仪，其所由来尚⑤矣。

【注释】

①礼：规范人们行为的种种规则、仪式的总称。帝王时代的礼，具有明显的等级性、阶级性。书：《史记》所创的专门论述某种重大事项的体裁。《汉书》以下史书沿用其体，改称为『志』。《礼书》，是《史记》八书之一，全篇略论礼的沿革、阐述礼的作用。②洋洋美德乎：这是对礼的赞美。洋洋，盛大的样子。③岂人力也哉：意思是主宰万物，役使群众，主要靠礼的教育感化，不能单凭强制力量。④大行：官名。汉武帝时有大行令掌管礼仪。官：官府。⑤尚：久远。

【译文】

太史公说：多么盛大恢宏的美德啊！主宰万物，役使群众，难道就靠人们的强制力量吗？我到过主管礼仪的大行官府，观看夏商周三代对礼仪的删减增益，才知道顺从人情来制定礼规，依照人性来做出仪节，由来已久了。

【原文】

人道经纬万端①，规矩无所不贯，诱进以仁义，束缚以刑罚，故德厚者位尊，禄重者宠荣，所以总一海内②而整齐万民也。人体安驾乘，为之金舆错衡③以繁其饰；目好五色，为之黼黻文章④以表其能；耳乐钟磬，为之调谐八音⑤以荡其心；口甘五味⑥，为之庶羞⑦酸咸以致其美；情好珍善⑧，为之琢磨圭璧⑨以通其意。故大路越席⑩，皮弁布裳⑪，朱弦洞越⑫，大羹玄酒⑬，所以防其淫侈，救其凋敝。是以君臣朝廷尊卑贵贱之序，下及黎庶车舆衣服宫室饮食嫁娶丧祭之分⑭，事有宜适，物有节文⑮。仲尼曰：『禘自既灌⑯而往者，吾不欲观之矣。』

【注释】

①人道：人间事理。经纬：布帛的纵线为经，横线为纬。端：头绪。此句意谓人间事理纵横交错，千头万绪。

②海内：古人认为我国疆土四面环海，故称国境以内为海内。③舆：车厢，泛指车。衡：古车单辕，辕前端的横木叫衡。衡两边各施一轭，分别架在两马颈上，便于引车。④黼黻：古礼服上绣的图案花纹。黑白相间如斧形的花纹叫黼，黑青相间如揩形的花纹叫黻。文章：错杂的色彩。古时以青赤两色相配合的花纹为文，以赤白两色相配合的花纹为章。⑤八音：古代乐器的总称。指用金、石、土、革、丝、木、匏、竹八种材料做的乐器。⑥五味：酸、辣、苦、咸、甜。此泛指各种滋味。⑦庶羞：各种佳肴。⑧珍善：指各种珍贵的玩赏器物。⑨圭璧：都是贵重玉器。圭为长方形，上端呈等腰三角状。璧为扁圆形，中有孔。⑩大路：即大辂，天子乘用的礼车。越席：蒲草编的席。⑪皮弁：古冠名，用白鹿皮制作的礼冠，帝王临朝时所戴。布裳：白麻布做的下裳。上为衣，下为裳。裳不是裤子，形制略如长裙，但分为前后两片。先系后片遮后，再系前片蔽前。男女都穿用。⑫朱弦：瑟上所张的红色丝弦。据说丝弦经红色煮

染，发音较浑厚。洞越：越是瑟底小孔，洞越是将底孔贯通瑟面，为了使瑟声低沉。⑬大羹：不加调料的肉汤。玄酒：其实就是清水。礼中将清水放进空酒樽里，与酒樽并设，且尊称之为玄酒，而设位又在酒樽之上。用大羹、玄酒，都为了表示不忘古。⑭黎庶：平民百姓。分：名分。⑮节文：节制性的文饰。⑯禘：祭名。灌：本作『祼』。祭祀开始，作为主人的君王，酌以郁金香草汁加入黍米酿制的香酒，献给代表祖先神灵的尸，尸受献将酒灌于地，这项祭祀中的第一次献酒就叫作灌。

【译文】

人间事理虽然纵横交错，千头万绪，而规矩却能无所不贯，用仁义诱导人们上进，用刑罚来束缚人们行为，所以道德高就地位尊崇，俸禄重就宠幸光荣，这是统一国内、规范万民的原则。人们的身体安于乘坐车马，就为之车厢嵌金、车衡上彩来增添装饰；人们的眼睛喜好五颜六色，就为之在衣服上加上各色图案花纹来表现他的仪态；人们的耳朵喜欢聆听钟磬音乐，就为之调和八音来涤荡他的心灵；人们的口舌喜爱品尝各种滋味，就为之烹制各种佳肴或酸或咸而极尽其美；人情爱好珍贵优美的物品，就为之琢磨圭璧等玉器来通其情意。古时帝王乘坐的大辂，上铺蒲席；帝王视朝头戴白鹿皮弁，而下穿白麻布裳；帝王用的瑟，朱红的丝弦而瑟底之孔上通；大礼中为了不忘古，设置不加盐菜的肉羹，还以清水与醴酒并设且为上尊：这些都是用以防止过度奢侈、拯救衰败的。因此，君臣在朝廷上尊卑贵贱的次序，下至黎民百姓的乘车、衣服、房屋、饮食、嫁娶、丧葬、祭祀的名分，每桩事都有适合身份的限度，每件物都有节制性的文饰。所以孔子说：『鲁国举行的宗庙的禘祭，在第一次酌香酒献尸主之后，我就不想再看了。』

【原文】

周衰①，礼废乐坏，大小相逾，管仲②之家，兼备三归③。循法守正者见④侮于世，奢溢僭差⑤者谓之显荣。自子夏⑥，门人之高弟也，犹云『出见纷华盛丽而说⑦，入闻夫子之道而乐，二者心战，未能自决』，而况中庸⑧以下，渐渍⑨于失教，被服⑩于成俗乎？孔子曰：『必也正名⑪。』于卫所居不合。仲尼没⑫后，受业之徒沉湮而不举⑬，或适齐、楚⑭，或入河海⑮，岂不痛哉！

【注释】

①周衰：指周王朝迁都雒邑（今河南洛阳）后，国力衰微。②管仲：名夷吾，字仲，春秋时代齐国人。他辅佐齐桓公，通货积财，富国强兵，使齐桓公成为春秋五霸之首。③三归：储存粮食、布帛、钱币的三座库台。④见：被。⑤奢溢：奢侈过度。僭差：越分。⑥自：即使，虽。子夏：姓卜名商字子夏，孔子弟子。长于文学，曾为魏文侯的老师。⑦说：通『悦』。⑧中庸：才智平庸的人。⑨渐渍：浸润，沾染。⑩被服：喻指亲身感受。⑪必也正名：语见《论语·子路》。子路问孔子：卫国国君将请您去理政，您打算先办何事？孔子说『必也正名』。意谓首先要端正名分。⑫没：通『殁』，死去。⑬举：举用。⑭齐：国名，在今山东省北部。楚：国名，在今长江中游一带。《论语·微子》说，太师挚到齐国去了，亚饭干到楚国去了。⑮河海：河专指黄河，海谓海滨。《论语·微子》说，鼓方叔到黄河边上去了，少师阳和击磬襄到海滨去了。

【译文】

周朝衰微，礼废乐坏，大小人物不顾名分，互相逾越。管仲的家中，兼备来自市租的钱、粮、布三种库台。遵守法度和正道的人被世俗欺侮，奢侈僭越的人被称作显贵尊荣。虽然卜子夏身为孔子门下高徒，尚且说『出门看见纷繁华丽的事物就欢悦，回来聆听夫子讲的道理就快乐，两种情感在心中争斗，自己不能决断』，又何况中材以下的人，被错误的教育所熏染，被习俗所包围呢！孔子说：『一定要端正名分。』他在卫国与所居的政治环境不合拍。孔子死后，他的受业门徒，人才埋没而不被举用，有的前往齐国、楚国，有的到了黄河、海滨一带，岂不令人痛惜呀！

【原文】

至秦有天下①，悉内六国②礼仪，采择其善，虽不合圣制，其尊君抑臣，朝廷济济③，依古以来。至于高祖④，光有四海⑤，叔孙通⑥颇有所增益减损，大抵皆袭秦故⑦。自天子称号下至佐僚及宫室官名，少所变改。孝文⑧即位，有司⑨议欲定仪礼，孝文好道家⑩之学，以为繁礼饰貌，无益于治，躬化⑪谓何耳，故罢去之。孝景⑫时，御史大夫晁错明于世务刑名⑬，数干⑭谏孝景曰：『诸侯藩辅⑮，臣子一例，古今之制也。今大国专治异政⑯，不禀京师，恐不可传后。』孝景用其计，而六国畔逆⑰，以错首名，天子诛错以解难。事在《袁盎》语中。是后官者养交安禄而已，莫敢复议。

【注释】

①至秦有天下：公元前221年，秦王嬴政统一六国，自称始皇帝，建都咸阳。②内：通『纳』，收纳。六国：指韩、赵、魏、齐、楚、燕。③济济：仪节隆盛的样子。④高祖：指汉高祖刘邦。⑤光：广。四海：古人认为中国四面环海，所以用四海喻指天下。⑥叔孙通：薛（今山东薛城）人。曾为秦朝博士。后归附刘邦，也任博士。刘邦称帝，叔孙通为之制定礼仪。官至太子太傅。详见《叔孙通列传》。⑦大抵：大都。袭：因袭，继承。故：旧例。⑧孝文：指汉文帝刘恒。汉朝皇帝死后，例在谥号上加『孝』字，表示国家以孝治天下。⑨有司：古代设官分职，各有专司，

因称官吏为『有司』。⑩道家：古代的一个学派，遵奉老聃的清静无为的学说。⑪躬化：以身作则，进行感化。⑫孝景：指汉景帝刘启。⑬御史大夫：官名，主管弹劾纠察，掌管图书秘书，官位仅次于丞相。晁错：颍川（今河南禹县）人。西汉政治家。刑名：战国时代法家的一派，以申不害为代表。强调循名责实，借以强化上下关系，巩固贵族统治。⑭数：屡次，多次。干：冒犯。⑮藩辅：藩是房舍外的篱笆，辅是车子两旁的木板。藩辅合为一词，意谓分封在外的诸侯国，乃是保卫朝廷的屏障，并非独立王国。⑯异政：与朝廷相异的政令。⑰六国畔逆：指吴、楚、赵、胶西、胶东、齐、淄川七国之乱。《史记正义》说：『齐孝王狐疑城守，三国兵围齐，齐使路中大夫告天子，故不言七国也。』畔，通『叛』。

【译文】

及至秦朝据有天下，详尽地收纳六国的礼仪，采用了其中较好的部分。虽然不完全合乎圣王的制度，不过，尊崇君主，抑制臣下，使朝廷威仪隆重，还是依循古昔以来的传统。及至汉高祖据有天下，叔孙通对前代礼制稍微有所增减，大都沿用秦朝旧制。上自天子称号，下至臣僚、宫室、官名，很少有所改变。文帝即位，有关官员建议制定礼仪，文帝喜好道家的学说，认为繁文缛节装饰外貌，无益于国家的治理，治国要看以身作则躬行教化如何，所以弃置不加采用。景帝时，御史大夫晁错通晓当代政务及刑名学说，屡次干犯劝谏景帝说：『诸侯藩国，属于臣子之类，这是古今的定制。现今诸侯大国擅自颁行异政，不禀告京都，这种做法恐怕不可传留后世。』景帝采用他的计谋，从而招致六国叛乱，以斩除晁错为名。景帝诛杀了晁错，用以解除危难。此事记载在《袁盎晁错列传》之中。此后，做官的只想致力交际、保位安禄而已，没有敢再议论这事的了。

【原文】

今上[1]即位，招致儒术[2]之士，令共定仪，十余年不就。或言古者太平，万民和喜，瑞应辨[3]至，乃采风俗，定制作。上闻之，制诏[4]御史曰：『盖受命[5]而王，各有所由兴，殊路而同归，谓因民而作，追[6]俗为制也。议者咸称太古，百姓何望？汉亦一家之事，典法[7]不传，谓子孙何？化隆者闳博，治浅者褊狭，可不勉与[8]！』乃以太初之元改正朔[9]，易服色[10]，封太山[11]，定宗庙百官之仪，以为典常[12]，垂之于后云[13]。

【注释】

①今上：当今皇上。指汉武帝刘彻。②儒术：儒家的理论、学术。③瑞应：古人认为，天降的祥瑞是人君德行的感应，故名祥瑞为瑞应。辨：通『遍』。④制诏：命令。《秦始皇本纪》有『命为制，令为诏』之语。原是文告名称，此作动词用。⑤盖：发语虚词，表示下面有所解释、阐明。受命：古代帝王假托神权来进行『名正言顺』的统治，所以自称受命于天。⑥追：追随。⑦典法：常行不变之法。⑧与：通『欤』，感叹词。⑨太初：汉武帝刘彻的年号之一，共用了四年，公元前104年到前101年。正朔：一年的第一天。正是每年的第一个月，朔是每月的第一天。⑩易服色：各王朝崇尚的车马、旗帜、服装的颜色也例不相袭，随朝代的改变而改变。⑪封太山：帝王在泰山上筑坛祭天。⑫典常：常法。⑬云：语尾助词，无义。

【译文】

当今皇上即位，招致通晓儒家学术的士人，命令他们制定礼仪，十几年也没完成。有人说，古代天下太平，万民和洽欣喜，祥瑞相应地普遍降临，国家就采集风俗，定立典章制度。皇上听到这个意见，就命令御史说：『承受天命而为帝王，各有缘由兴起，途径相异而有共同的目标，意思是因顺民情而有所兴作，追随风俗而拟定礼制。议事者都称道上古，那百姓还有什么指望？汉朝亦如一家之事，没有常法传留，如何跟子孙交代？教化兴隆的，礼制一定宽宏博大；治道浅薄的，礼制必然片面狭隘。能不奋勉吗？』于是在太初元年（前104年）更改历法，变换服装崇尚的颜色，在泰山上筑坛祭天，制定宗庙、百官的礼仪，以为典范性的常法，垂留后世。

【原文】

礼由人起①。人生有欲，欲而不得则不能无忿，忿而无度量则争，争则乱。先王恶②其乱，故制礼义以养人之欲，给③人之求，使欲不穷于物，物不屈于欲，二者相待而长，是礼之所起也。故礼者养也。稻粱五味，所以养口也；椒兰芬茝④，所以养鼻也；钟鼓管弦，所以养耳也；刻镂文章⑤，所以养目也；疏房床笫⑥几席，所以养体也。故礼者养也。

【注释】

①礼由人起：自此至『儒墨之分』，凡三小段，均采自《荀子·礼论》。②恶：厌恶。③给：供给。④茝：一种香草的名称。⑤文章：色彩杂配的花纹。⑥疏房：带窗的房间。床笫：床铺。竹制床板。

【译文】

礼是由人兴作的。人活着就有欲望，欲望不能实现就不能不愤恨，愤恨没有节度就要争斗，争斗就要造成纷乱。古代帝王厌恶这种纷乱，所以就制定礼义来调理人们的欲望，供给人们的需求，使欲望对于物质不会穷求，使物质对于欲望不至枯竭，让欲和物二者相应地协调增长，这是礼的兴作缘由。所以礼是调养的意思。稻粱五味，是用来养口的；椒兰香草，是用来养鼻的；钟鼓管弦，是用来养耳的；雕刻花纹绘画色彩，是用来养目的；窗房床笫几席，是用来养身体的。所以说礼是调养的意思。

【原文】

君子既得其养，又好其辨①也。所谓辨者，贵贱有等，长少有差，贫富轻重皆有称②也。故天子大路越席，所以养体也；侧载臭③茝，所以养鼻也；前有错衡，所以养目也；和鸾④之声，步中《武》《象》⑤，骤中《韶》《濩》⑥，所以养耳也；龙旂九斿⑦，所以养信也；寝兕持虎⑧，鲛韅弥龙⑨，所以养威也。故大路之马，必信至教顺，然后乘之，所以养安也。孰知夫出死要节之所以养生也，孰知夫轻费用之所以养财也，孰知夫恭敬辞让之所以养安也，孰知夫礼义文理之所以养情也。

【注释】

①辨：差别。②称：这是『名实相称』的『称』，有符合、适合的意思。③臭：气味。此指香气。④和鸾：马车上的铃铛。和铃在轼即车厢前横木上，銮铃在衡即辕前端横木上。⑤步：缓行。中：应和。《武》：舞乐名。此乐旨在歌颂周武王伐纣克殷的武功。《象》：周代的一种舞乐名。⑥骤：马奔驰。《韶》：虞舜时的乐曲名。《濩》：商汤时的乐曲名。⑦旂：上画龙形、竿头系铃的旗子。斿：旗帜下边悬垂的饰物。⑧寝兕：伏卧的雌性犀牛。持虎：蹲坐的虎。持为跱的借字。寝兕跱虎都是车上的图画。⑨鲛韅：鲨鱼皮做的马腹带。弥龙：在车辕前端横木上镶着的金龙装饰。

【译文】

君子既得到欲望的调养，又喜好调养的分别。所谓分别，就是说贵贱有等级，长幼有差异，贫富轻重都各称其身份。

所以天子乘坐的大辂，铺着蒲席，是用来养身体的；边侧栽着芳香的茝草，是用来养鼻的；前面辕端有涂饰彩色名叫衡的横木，是用来养目的；轼前悬挂和铃，衡下悬挂銮铃，缓步而行，铃声与《武》曲、《象》曲合拍，驰骤而行，铃声合乎《韶》乐、《濩》乐的节奏，是用来养耳的；龙旗上九条飘带，是用来培养威信的；车厢上画着伏卧的犀牛和蹲踞的猛虎，鲨鱼皮制的马腹带，压在马颈上的车轭装饰着金龙，是用来培养威严的。所以大辂的驾马，一定训练得极为驯顺，然后驾车乘用，是用来养体安身的。谁懂得推诚效死邀立名节正是用以养生的道理呢？谁懂得节约消费正是用以养财的道理呢？谁懂得恭敬谦让正是用以养体安身的道理呢？谁懂得礼义文理正是用以涵养性情的道理呢？

【原文】

人苟[1]生之为见，若[2]者必死；苟利之为见，若者必害；怠惰之为安，若者必危；情胜之为安，若者必灭。故圣人一之于礼义[3]，则两得之矣；一之于情性，则两失之矣。故儒者[4]将使人两得之者也，墨者[5]将使人两失之者也。是儒墨之分[6]。

【注释】

①苟：假若，如果。②若：如此，这样。③一之于礼义：以礼义统一之。一，作动词用。④儒者：信奉儒家学说的人。⑤墨者：信奉墨家学说的人。⑥分：分野。

【译文】

人如果只看到生而苟且求生，这样他必然走向死路；人如果只看到利而见利忘义，那他必然身受其害；人如果只把懈怠懒惰当作安适，那他必然陷入危难；人如果只把纵情任性逞强好胜当作安乐，那他必然自取灭亡。所以圣人把情欲统一到礼义的规范下，那么情欲和礼义就能两得了；如果把礼义统一在情欲的圈子里，那么情欲和礼义势必两失了。所以儒家就是使人们二者兼得的人，墨家就是使人们二者俱失的人。这是儒家、墨家的分野。

【原文】

治辨之极也①，强固之本也，威行之道也，功名之总②也。王公由③之，所以一天下，臣④诸侯也；弗由之，所以捐社稷⑤也。故坚革利兵⑥不足以为胜，高城深池不足以为固，严令繁刑不足以为威。由其道则行，不由其道则废。楚⑦人鲛革犀兕，所以为甲，坚如金石；宛之钜铁施⑧，钻如蜂虿⑨，轻利剽遬⑩，卒如熛风⑪。然而兵殆于垂涉⑫，唐昧⑬死焉；庄跻⑭起，楚分而为四参⑮。是岂无坚革利兵哉？其所以统之者非其道故也。汝颍⑯以为险，江汉以为池⑰，阻之以邓林⑱，缘之以方城⑲。然而秦师至鄢郢⑳，举若振槁㉑。是岂无固塞险阻哉？其所以统之者非其道故也。纣剖比干㉒，囚箕子㉓，为炮格㉔，刑杀无辜，时臣下懔然㉕，莫必㉖其命。然而周师至，而令不行乎下，不能用其民。是岂令不严、刑不陖㉗哉？其所以统之者非其道故也。

【注释】

①治辨之极也：自此至『刑措而不用』，共两段，皆采自《荀子·议兵》。《议兵》此句有『礼者』二字。治辨：治国家，辨名分。极：最高准则。②总：纲要。③由：遵循。④臣：动词，使之臣服。⑤捐：舍弃，丧失。社稷：土神和谷神。建国必先建立社坛稷坛，因以社稷指代国家。⑥坚革：坚韧的铠甲。利兵：锋利的兵器。⑦楚：国名。芈姓。始祖鬻熊，西周时建国于荆山一带。公元前223年为秦国所灭。⑧宛：楚邑名，地在今河南南阳。钜铁施：

刚铁矛。施，《议兵》作『[illegible]』。⑨钻：刺。虿：蝎子。⑩剽遬：轻捷快速。遬，通『速』。⑪卒：同『猝』，突然。熛：疾速。⑫殆：受杀害。垂涉：楚国地名，不详所在。《议兵》作『垂沙』。⑬唐眛：楚将。《楚世家》载，怀王『二十八年，秦乃与齐、韩、魏共攻楚，杀楚将唐眛』。⑭庄跻：楚将。楚威王时，命庄跻领兵西征，又进占滇池（今云南昆明西南）一带。旋被秦军截断归路，他就在滇称王。⑮楚分而为四参：楚国屡次被敌国打败，被迫迁都。楚昭王时，吴军入郢，楚迁都于鄀（今湖北宜城）；楚襄王时，秦军侵犯，徙都于陈（今河南淮阳）；考烈王时，又为秦军所逼，徙都寿春（今安徽寿县）。四参，犹言『三四』，参同『三』。⑯汝颍：汝水和颍水，均在河南南部，汝水在南，颍水在北，都是从西北向东南流，注入淮河。⑰江汉：岷江和汉江。岷江从四川入楚境，汉江从汉中东南流入长江。池：护城河。⑱邓林：地名，地在今湖北襄阳之南。⑲方城：春秋时楚国北部的长城。其城由今之河南方城北至邓州市。⑳鄢郢：鄢，楚邑，在今湖北宜城西南。郢，楚都，在今湖北江陵西北。或云鄢郢即鄀，楚之别都，在今湖北宜城西南。译文从后说。㉑举：攻占。振槁：振摇枯叶。㉒纣：商代最后一代君主。残暴无道。周武王伐纣，纣战败自烧杀。比干：纣的叔父。因直言进谏，被纣剖心。㉓箕子：纣的叔父。因进谏而被囚禁，装疯免祸。㉔炮格：酷刑名。用铜做格，下烧炭，令人光脚行格上，跌下烧死。㉕懔然：恐惧的样子。㉖必：必保。㉗陖：同『峻』，严厉。

【译文】

礼是治理国家、辨正名分的最高准则，是国家强盛巩固的根本，是推行权威的方式，是建立功名的总纲。帝王遵循礼义，所以能够统一天下，臣服诸侯；不遵循礼义，所以就丢掉了国家。因此，坚韧的铠甲，锋利的兵器，称不上是优胜；高城深沟，称不上是坚固；严厉的命令，繁多的刑罚，称不上是威严。遵循礼义之道，这些手段就能行之有效；不遵循礼义之道，这些手段就废而无功。楚国人用鲨鱼皮、犀牛皮来做铠甲，坚固得如同金属、石头，宛城的刚矛，尖利得像蜂尾蝎钩，轻捷快速，猝然如同疾风。然而兵败于垂涉，唐昧战死在那里；自从楚将庄跻起兵征讨，此后楚国弄得四分五裂。这难道是没有坚甲利兵吗？这是他们用以统理的手段不得其道的缘故。楚国将汝水、颍水作为天险，有江水、汉水作为天堑，以邓林为险阻，将方城作边防。然而秦军一到，楚国首都鄢郢即被攻占，就像摇动树上枯叶一般。这难道是没有坚固的要塞险阻吗？是他们用以统理的手段不得其道的缘故。商王纣挖比干的心，囚禁箕子，创制炮格酷刑，虐杀无罪的人，当时臣下战战兢兢，没有人能自保性命。然而周军到来，纣王的命令属下不执行，不能役使他的民众。这难道是军令不严、刑罚不重吗？是他统理的手段不得其道的缘故。

【原文】

古者之兵，戈矛[1]弓矢而已，然而敌国不待试而诎[2]。城郭不集[3]，沟池不掘，固塞不树，机变[4]不张，然而国晏然[5]不畏外而固者，无他故焉，明道而均分之，时使而诚爱之，则下应之如景响[6]。有不由命者，然后俟[7]之以刑，则民知罪矣。故刑一人而天下服。罪人不尤[8]其上，知罪之在己也。是故刑罚省而威行如流，无他故焉，由其道故也。故由其道则行，不由其道则废。古者帝尧之治天下也，盖杀一人刑二人而天下治。《传》曰：『威厉而不试，刑措[9]而不用。』

【注释】

①戈矛：都是古代的长柄兵器。戈前端略如镰刀，而上下皆刃，用以横击、钩杀。矛即长枪，用以刺杀。②试：用。

诎：通『屈』，屈服。③城郭：内城外城。集：积累，这里引申为增高的意思。④机变：机巧多变的器械。⑤晏然：安然。⑥景：通『影』。响：回声。⑦俟：待。⑧尤：怨恨。⑨措：设置。

【译文】

古代的兵器，只有戈矛弓箭而已，然而没等动用，敌国就屈服了。城墙不用增筑，壕沟不用深挖，要塞不用修建，器械不用张开，然而国家安然不怕外敌并且十分稳固，这不是其他原因，显明礼义而使各守本分，因时役使而真诚爱护，那么人民顺从命令就如同影子随形、回响应声。再有不遵守命令的，然后依法处刑，那民众就知罪了。所以处罚一人就能使天下心服，罪人不怨恨上级，知道咎由自取。因此刑罚减省而威权推行如同流水那样顺畅。这没有其他原因，是由于遵循礼义的缘故。所以说，遵循礼义之道就能行之有效，不遵循礼义之道就废而无功。古代帝尧治理天下，只杀一人刑罚二人，就天下大治了。古书中说：『威令虽然严厉但不试用，刑罚虽然设置但不动用。』

【原文】

天地者，生之本也①；先祖者，类之本②也；君师者，治之本也。无天地恶③生？无先祖恶出？无君师恶治？三者偏亡④，则无安人。故礼，上事天，下事地，尊先祖而隆⑤君师，是礼之三本也。

【注释】

①天地者生之本也：自此至『明者礼之尽也』，凡七段，均采自《荀子·礼论》。生之本，天地产生人类、生物，所以说天地是生命的本源。②类之本：族类的本源。③恶：疑问代词，怎么，如何。④三者偏亡：三者缺一。⑤隆：尊崇。

【译文】

天地是生命的根本，祖先是族类的根本，君主和老师是治理的根本。没有天地，怎能有生命？没有祖先，怎么能有后辈出生？没有君主和老师，如何得到治理？这三项缺少一项，就没有安宁生活的人了。所以礼，上敬事天，下敬事地，尊崇祖先、君主和老师，这是礼的三大根本。

【原文】

故王者天太祖①，诸侯不敢怀②，士大夫有常宗③，所以辨贵贱。贵贱治，得④之本也。郊畴⑤乎天子，社⑥至乎诸侯，函⑦及士大夫，所以辨尊者事尊，卑者事卑，宜巨者巨，宜小者小。故有天下者事七世，有一国者事五世，有五乘之地者⑧事三世，有三乘之地者事二世，有特牲而食者不得立宗庙⑨，所以辨积厚者流泽⑩广，积薄者流泽狭也。

【注释】

①王者：指天子帝王而言。天太祖：祭天时以太祖配享。天是动词。太祖指开国天子。②诸侯不敢怀：诸侯不能祭天，更不能以太祖配天，所以说不敢有这种想法。『怀』，《荀子·礼论》作『坏』，意谓诸侯永远保留太祖庙，虽百世亦不迁毁。当以《荀子》为正。③常宗：大宗。士大夫们都各有本族所尊奉的大宗。大宗系统永不迁变，故曰常宗。④得：通『德』。⑤郊：周代天子于冬至在南郊祭天，称作郊。畴：本义是田的界限，此作动词用，限于。⑥社：祭土神的场所。⑦函：包含，包括。⑧有五乘之地者：有能出兵车五乘之领地的卿大夫。乘，量词，辆，指古代四匹马拉的兵车。⑨有特牲而食者不得立宗庙：只有一头牲口，凭之耕种而食的平民，不得建立宗庙，岁时祭于寝。特牲，《荀子·礼论》作『持手』，谓依恃双手劳动而食者，亦指平民而言。⑩积：通『绩』，功绩。流泽：

流传给后世的恩泽。

【译文】

因此帝王祭天以太祖配享，诸侯不敢有以太祖配天的想法，大夫和士各有百世不迁的大宗，这是为了用以辨别贵贱。贵贱辨清，这是道德的根本。祭天属于天子祭祀的范畴，而祭社可以下及诸侯，包含士大夫，这是用来辨明祭祀等级，位尊的帝王才可以事奉尊贵的天神，位卑的诸侯、大夫、士，只能事奉较卑的社神，应该大的就大，应该小的就小。所以据有天下的帝王能建立七庙，祭祀七代祖先；据有一国的诸侯能建立五庙，祭祀五代祖先；拥有五乘封地的大夫能建立三庙，祭祀三代祖先；拥有三乘封地的命士能建立两庙，祭祀两代祖先；家有一牛用之耕地谋生的平民，不得建立宗庙：这是用以区别祭祀的等级，功业大的流布的恩泽就广大，功业小的流布的恩泽就狭小。

【原文】

大飨上玄尊①，俎上腥鱼②，先大羹，贵食饮之本也③。大飨上玄尊而用薄酒④，食先黍稷而饭⑤稻粱，祭哜⑥先大羹而饱庶羞，贵本而亲用也。贵本之谓文⑦，亲用之谓理⑧，两者合而成文⑨，以归太一⑩，是谓大隆⑪。故尊之上玄尊也，俎之上腥鱼也，豆⑫之先大羹，一⑬也。利爵弗啐⑭也，成事⑮俎弗尝也，三侑之弗食也⑯，大昏之未废齐⑰也，大庙之未内尸也⑱，始绝之未小敛⑲，一也。大路之素帱⑳也，郊之麻讘㉑，丧服之先散麻㉒，一也。三年哭之不反也㉓，《清庙》之歌一倡而三叹㉔，县一钟尚拊膈㉕，朱弦而通越，一也。

【注释】

①大飨：指祫祭而言，谓在太祖庙中合祭先王们。上玄尊：玄尊是盛玄酒即清水的酒尊。为了不忘古始，祭礼

中将玄尊与酒尊并设，且玄尊设位在酒尊之上。礼中唯用酒，不用玄酒。②俎：盛鱼肉的木制有足的器皿。腥鱼：生鱼。③贵食饮之本也：设玄酒、生鱼、肉羹，都是为了尊重原始的饮食，表示不忘本。④薄酒：《荀子·礼论》作「酒醴」。⑤饭：动词，吃用。⑥哜：尝仅至齿为哜。⑦文：美，善。谓美善品格。⑧理：谓生活情理。⑨成文：结合成为礼仪。⑩太一：指太古时的情境。⑪大隆：大盛，谓礼的最高境界。⑫豆：食器。此豆为陶制。⑬一：意义一致。⑭利爵：祭祀将告成时，佐食者酌酒献尸，谓之利爵。尸是从本族与被祭祖先昭穆相当的晚辈中挑选的，用以充当祖先神灵并代之享祭的人。啐：尝至口中为啐。⑮成事：完成祭事。⑯三侑之弗食也：第三次劝食，尸就不再吃了。《荀子·礼论》此句下有「一也」二字，此脱，译文据补。⑰大昏：指天子、诸侯的大婚礼。昏：通「婚」。废：通「发」。齐：通「斋」。大婚前必斋戒告庙。⑱大：通「太」。内：通「纳」。⑲绝：断气。小敛：用衣衾布带包裹扎束死者，谓之小敛。⑳素帱：素色车帷。㉑郊：南郊祭天。麻𫄨：麻布制作的冠冕。𫄨，同「冕」。㉒散麻：父母之丧小敛后，孝子先束麻带，带端散垂。死后三日，孝子穿上正式丧服，麻带下垂部分才分两股纠结。㉓三年哭：谓儿女哭始死之父母。父母死，孝子将为之服三年之丧。不反：谓恸哭失声，其声若去而不返。反，通「返」。㉔《清庙》：为《诗经·周颂》中的首篇，是祭祀周文王的祭歌。一倡而三叹：一人领唱，三人咏叹应和，表明唱和人数少。㉕县：「悬」的本字。拊：拍打。膈：通「隔」，悬钟的木架。

【译文】

举行合祭先王的大飨礼，以盛放清水的樽为上，以盛放生鱼的木俎为上，以不放盐菜调料的肉羹为先，这是为了不忘本而尊崇最初的饮食。大飨礼中，盛着清水的樽与酒樽并设，设在上位，设而不用，盛着淡酒的酒樽设在下位，礼中唯饮酒不饮水；进食先进黍米饭、糜子米饭，而吃用白米饭、黄粱米饭；祭食时，先尝一小口没调味的肉汤，而馈食时饱享各种佳肴：这是尊重原始的饮食而亲用当今的美味。尊重本始说的是善良纯真，亲用时味说的是生活情理，两者结合而成为礼仪，用以回归太古的情境，这就叫作大隆——礼的最高境界。所以酒樽之崇尚盛放清水的玄樽，祭俎之崇尚供设腥鱼，瓦豆之先供设未加调料的肉汤，意思是一致的，都是为了追怀太始、不忘本初。庙中祭祀将告成时，佐食者酌酒献尸，尸就奠杯不饮了；祭事将完成时，俎中牲肉，尸就不再尝用了；到第三次劝食，尸就不再吃了：意思是一致的，都表明祭礼将要告终。大婚礼迎亲前尚未斋戒告庙之际，太庙祭祀尚未迎尸入庙之际，人刚咽气尚未进行小敛之际：意思是一致的，都表明礼仪的开始。天子乘用的大辂，用素色车帷；天子南郊祭天时，戴着麻布冠冕；父母之丧小敛后，孝子先腰束麻带，带端散垂：意思是一致的，体现了至敬无文、至哀无饰的精神。遭遇父母之丧，孝子纵情恸哭，哭声好像往而不回；天子宗庙祭祀，乐工升歌《清庙》，一人领唱，唯三人应和；悬挂一钟，而崇尚打击钟架；瑟上张着朱红丝弦，瑟底孔却上通瑟面：意思是一致的，都是在声音方面朴素无华，以质为贵。

【原文】

凡礼始乎脱①，成乎文②，终乎税③。故至备，情文俱尽；其次，情文代胜；其下④，复情以归太一。天地以合，日月以明，四时以序，星辰以行，江河以流，万物以昌，好恶以节，喜怒以当。以为下⑤则顺，以为上⑥则明。

【注释】

①脱：简略。②文：文饰，指由仪节器物所体现的形式。③税：通『悦』。④其下：此『下』字谓最后。⑤下：

在下者，指臣民。⑥上：在上者，指君主。

【译文】

大凡典礼，开始简略，完成当中就有文雅仪式，礼终时人情和悦。所以最完备的礼，感情和表达形式都尽美尽善；其次是感情胜过仪式，或者仪式胜过感情；最后将感情回到太古质朴无华的境界。达到这种境界，天地因之而融合，日月因之而明朗，四时因之而更迭有序，星辰因之而正常运行，江河因之畅流，万物因之昌盛，好恶因之而调节，喜怒因之而得当。礼达到这种境界，作为臣民就和顺，作为君上就英明。

【原文】

太史公曰：至矣哉①！立隆以为极②，而天下莫之能益损也。本末相顺，终始相应，至文有以辨③，至察有以说。天下从之者治，不从者乱；从之者安，不从者危。小人不能则④也。

【注释】

①太史公曰至矣哉：《荀子·礼论》作『礼岂不至矣哉』。自此至最后，共三段，均出自《荀子·礼论》。今传《礼书》改首句前三字为『太史公曰』，恐非司马迁《礼书》原貌。②立隆：立隆盛之礼。极：最高准则。③有以：《荀子·礼论》作『以有』。下同。④则：取法。《荀子·礼论》作『测』。

【译文】

太史公说：到了顶点啦！订立隆盛礼仪作为生活准则，天下没有人能加以增删。礼仪根本和末节互相顺应，开始与终结互相照应，极为周详的仪式可以辨别尊卑贵贱，极为明察的内容可以怡悦人心。天下遵从礼制的就能达到大治，不遵从礼制的就要造成大乱。遵从礼制的就安定，不遵从礼制的就危险。卑鄙小人是不能遵守礼规的。

【原文】

礼之貌①诚深矣，坚白同异②之察，入焉而弱③。其貌诚大矣，擅作典制褊陋之说，入焉而望④。其貌诚高矣，暴慢恣睢⑤，轻俗以为高之属，入焉而队⑥。故绳诚陈，则不可欺以曲直；衡⑦诚县，则不可欺以轻重；规矩诚错⑧，则不可欺以方员⑨；君子审礼，则不可欺以诈伪。故绳者，直之至也；衡者，平之至也；规矩者，方员之至也；礼者，人道之极也。然而不法礼者不足礼，谓之无方⑩之民；法礼足礼，谓之有方之士。礼之中，能思索，谓之能虑；能虑勿易，谓之能固。能虑能固，加好之焉，圣矣。天者，高之极⑪也；地者，下之极也；日月者，明之极也；无穷者，广大之极也；圣人者，道之极也。

【注释】

①礼之貌：《荀子·礼论》『貌』作『理』。下同。②坚白同异：战国时，公孙龙创『离坚白』之说，认为石头的坚和白的属性是脱离石头而独立存在的实体。惠施创『合同异』之说，强调各种事物的同一性，否定差异的客观存在。两家的学说有明显的诡辩色彩。③弱：《荀子·礼论》作『溺』。④望：怨恨。《荀子·礼论》作『丧』。⑤恣睢：狂纵凶暴。⑥队：通『坠』，堕落。⑦衡：秤。⑧错：通『措』，措置。⑨员：通『圆』。⑩方：道义。⑪极：标准，准则。

【译文】

礼的义理实在精深哪！那种『离坚白』『合同异』的论辩，相当明察了，一纳入礼中衡量，就软弱不堪了。礼的义理实在博大呀！那些擅自制作典章制度、褊狭浅陋的学说，一纳入礼中比较，就自恨自责了。礼的义理实在高明啊！那些粗暴狂妄、轻视世俗自以为高的人们，一纳入礼中检验，就自惭堕落了。所以，只要把线绳陈设出来，就不能用曲直来欺人；只要把秤悬挂出来，就不能用轻重来欺人；只要把圆规、矩尺拿来一放，就不能用方圆来欺人；君子明察礼义，就不能用谎言、虚伪来相欺。所以，线绳是最直的标准，秤是最平的标准，规矩是最圆最方的标准，礼是人类道德的最高标准。那么，不遵守礼、不重视礼的人，叫作没有道义的人；遵守礼、重视礼的人，叫作有道义之士。在礼的范围之中能够思索礼仪的用意，这叫作能够思虑；能够思虑又能遵从不变，这叫作能够固守。能够思虑，能够固守，再加上由衷的喜好，那就是圣人了。天是高的准则，地是低的准则，日月是光明的准则，无穷的天宇是广大的准则，圣人是道德礼义的准则。

【原文】

以财物为用①，以贵贱为文②，以多少为异，以隆杀为要③。文貌繁，情欲省，礼之隆也；文貌省，情欲繁，礼之杀也；文貌情欲相为内外表里，并行而杂④，礼之中流⑤也。君子上致其隆，下尽其杀，而中处其中。步骤驰骋广骛⑥不外，是以君子之性守宫庭⑦也。人域是域⑧，士君子也。外是，民也。于是⑨中焉，房皇周浃⑩，曲⑪得其次序，圣人也。故厚者，礼之积也；大者，礼之广也；高者，礼之隆也；明者，礼之尽也。

【注释】

①以财物为用：用财物表达情意。《荀子·礼论》此句上尚有『礼者』二字，此缺。②以贵贱为文：根据贵贱尊卑做出相宜的礼的形式。③隆：隆盛。杀：降减。要：要领。④杂：会合。⑤中流：适中。⑥广骛：纵马急奔。⑦君

子之性守宫庭：意谓君子守礼之心性如同常守宫廷一样。⑧人域是域：人能置身于礼的这个领域。前『域』是动词。⑨于是：在此。⑩房皇：即『彷徨』，徘徊。周浃：犹周旋。⑪曲：周遍。此曲与『曲尽其妙』的曲，用法相同。

【译文】

礼以财物作为手段，以贵贱等级作为制度，以事物多少表示差异，以隆盛省约作为要领。仪节繁重，用情较省，仪节超过了情感，这是礼的隆盛形式。仪节省约，用情较多，情感超过了仪节，这是礼的省约形式。仪节与情感内外表里并行融合，这就是礼的适中的体现。君子对于礼，该隆重的就努力隆重，该减省的就尽量减省，该适中的就力求适中。无论平时的徐行漫步，还是战时的纵马奔驰，都不把礼排除身外，所以君子守礼的心性就如同常守宫廷一样。人能够置身于这个礼的领域之中，就是有志操的君子；置身于礼的范围之外，就是一般的庸人。在这个礼的领域中，从容徘徊，周旋自在，全面周详地掌握了礼的规矩顺序，那就是圣人了。因此，圣人之所以德厚，这是由于学礼的长期积累；圣人之所以伟大，这是由于学礼的范围宽广；圣人之所以高尚，这是由于他的礼的修养丰厚；圣人之所以英明，这是由于他对礼的尽心尽力。

律书

【原文】

王者制事立法，物度轨则，壹禀于六律①，六律为万事根本焉。

【注释】

①六律：古代十二律分为『六律』和『六吕』。六律指黄钟、太簇、姑洗、蕤宾、夷则、无射；六吕指大吕、夹钟、

中吕、林钟、南吕、应钟。合为十二律。

【译文】

圣王衡量事物，建立法度，对事物的计算和定规程的法则，都以六律为标准，六律实在是一切事物计数的基础。

【原文】

其于兵械[1]尤所重，故云「望敌知吉凶，闻声效胜负」，百王不易之道也。

【注释】

①兵械：「械」当是误字，此处非指军械言。今暂译为「军事」。

【译文】

而六律用在军事上，尤其受到重视，所以说：「望见敌人阵地上的云气，就能知道战争是吉利还是凶咎；听到敌人的声音，就能判断战争是胜利还是失败了。」这是多少帝王一直坚信不变的道理。

【原文】

武王伐纣，吹律听声[1]，推孟春以至于季冬，杀气相并，而音尚宫[2]。同声相从，物之自然，何足怪哉？

【注释】

①吹律听声：古代阴阳学家将十二律、五声和四季、十二月相配合，用以附会说明一些社会现象。②音尚宫：《周礼·春官·太师》郑玄注引兵书云：「太师吹律合音：商则战胜，军士强，角则军扰多变，失士心；宫则军和，士卒同心；

徵则将急数怒，军士劳；羽则兵弱少威。』

【译文】

周武王讨伐商纣的时候，太师吹着律管，听不同的声音。从孟春之律一直吹到季冬之律，都有杀气，但合于宫声。相同的声音互相应和，这是一切事物间自然存在的道理，有什么值得惊怪的呢？

【原文】

兵者，圣人所以讨强暴，平乱世，夷险阻，救危殆。自含齿戴角之兽见犯则校，而况于人怀好恶喜怒之气？喜则爱心生，怒则毒螫[1]加，情性之理也。

【注释】

①螫：蜇。

【译文】

军队，圣人用来讨伐强暴势力，平定混乱局势，铲除艰险阻碍，挽救危急倾覆的事态。就连口内有牙、头上生角的野兽，受到侵犯时都会反扑；更何况是人，具有好尚、憎恶、喜爱、愤怒的气质？喜欢时就产生爱惜之情，愤怒时就以恶毒手段相加，这是人们性情变化的道理。

【原文】

昔黄帝[1]有涿鹿之战，以定火灾[2]；颛顼[3]有共工之陈，以平水害[4]；成汤[5]有南巢之伐，以殄夏乱。递兴递废，胜者用事，所受于天也。

【注释】

①黄帝：传说中中原各族的共同祖先。②火灾：古代阴阳五行学说认为炎帝属火德。③颛顼：传说中古代部族首领。曾击败主水官共工。④水害：古代阴阳五行学说认为共工属水德。⑤成汤：商朝的建立者。击败夏桀，夏桀逃至南巢而死。南巢在今安徽巢县西南。

【译文】

当初，黄帝曾在涿鹿作战，从而平息了火德的灾害；颛顼曾和共工对垒，从而平息了水德的灾害；成汤曾攻打南巢，从而制止了夏朝的暴乱。交替兴起，而又交替灭亡，取得胜利者当政，这是由天命决定的。

【原文】

自是之后，名士迭兴，晋用咎犯[①]，而齐用王子[②]，吴用孙武[③]，申明军约，赏罚必信，卒伯诸侯，兼列邦土，虽不及三代之诰誓，然身宠君尊，当世显扬，可不谓荣焉？岂与世儒暗于大较，不权轻重，猥云德化，不当用兵，大至君辱失守，小乃侵犯削弱，遂执不移等哉！故教笞不可废于家，刑罚不可捐于国，诛伐不可偃于天下，用之有巧拙，行之有逆顺耳。

【注释】

①咎犯：也称狐偃、舅犯。晋文公的舅父，辅佐晋文公的功臣。②王子：即王子城父。晋惠公时大夫。③孙武：吴王阖闾时被任为将，攻破楚国。

【译文】

从那时以后，著名的志士相继兴起，晋国重用舅犯，而齐国重用王子，吴国重用孙武，他们明确地规定了军旅约法，或奖赏或惩罚，必定依法执行，因此，君主终于成为诸侯中的霸主，而自己也得到封赐的很多土地，虽然不能和三代的诰命盟誓相比，但自身受宠，君主尊严，因而显赫扬名于当世，难道不算光荣吗？怎么能和社会上那些不明了国家大事，不能衡量轻重缓急，随意谈论道德教化，反对用兵，其结果大至君主受辱，社稷失守，小至遭受侵犯，土地日削，国势衰败，而一直顽固不化的儒生同日而语呢！所以就家说，不可废除教训人的竹杖；就国说，不可废除刑罚；就天下说，不可停息讨伐的战争。只是运用起来有巧妙和笨拙的不同，实行起来有合理和不合理的区别而已。

【原文】

夏桀、殷纣手搏豺狼，足追四马，勇非微也；百战克胜，诸侯慑服，权非轻也。秦二世宿军无用之地①，连兵于边陲，力非弱也；结怨匈奴②，絓祸於越③，势非寡也。及其威尽势极，闾巷之人④为敌国。咎生穷武之不知足，甘得之心不息也。

【注释】

①宿军：驻扎重兵。无用之地：指边陲地区。虽驻扎重兵，但防远而不能防近。②结怨匈奴：指秦始皇三十二年（公元前215年）派蒙恬击匈奴，并连接北方长城事。③於越：这里指岭南地区的南越而言。秦始皇统一岭南后，设置桂林、南海、象三郡。④闾巷之人：指陈胜、吴广等起义人民。

【译文】

夏桀和商纣能徒手同豺狼搏斗，徒步追赶四匹马拉的车，勇气是不小的；在历次战争中都取得胜利，使诸侯惶恐顺服，权势是不轻的。秦二世拥重兵，置之于无所作为之地，遍布边境，力量是不弱的；对抗匈奴，不顾结下怨仇，征服於越，不顾招致祸患，权势是不单薄的。但到威力衰竭，权势降落时，里巷居民却构成了敌国。其过失就在于完全凭借武力而不知满足，以贪得为乐而不知停息。

【原文】

高祖有天下，三边外畔[①]；大国之王虽称蕃辅，臣节未尽[②]。会高祖厌苦军事，亦有萧、张[③]之谋，故偃武一休息，羁縻[④]不备。

【注释】

①三边外畔：指北方的匈奴，岭南的南越和东南沿海的东越。畔，通『叛』。②臣节未尽：指汉初分封的楚王韩信、淮南王英布、梁王彭越等，因先后叛变被杀。③萧、张：指萧何、张良。都是刘邦的重要谋士。④羁：马络头。縻：牛驾具。这里组成的复音词，是笼络的意思。

【译文】

汉高祖统一天下，边境上三面都有从外部反叛的势力，而大国的诸侯王虽然号称护卫辅佐之臣，却没有尽到臣属的节义。这时高祖正对战争感到厌倦，并且引以为苦，而又有萧何、张良出谋献策，于是停止军事行动，和人民共同休息，对边境反叛势力只采取笼络策略，并没有部署防备力量。

【原文】

历至孝文即位，将军陈武等议曰：『南越[①]、朝鲜自全秦时内属为臣子，后且拥兵阻阸，选蠕[②]观望。高祖时天下新定，人民小安，未可复兴兵。今陛下仁惠抚百姓，恩泽加海内，宜及士民乐用，征讨逆党，以一封疆。』孝文曰：『朕能任衣冠，念不到此。会吕氏之乱，功臣宗室共不羞耻，误居正位，常战战栗栗，恐事之不终。且兵凶器，虽克所愿，动亦耗病，谓百姓远方何？又先帝知劳民不可烦，故不以为意。朕岂自谓能？今匈奴内侵，军吏无功，边民父子荷兵日久，朕常为动心伤痛，无日忘之。今未能销距，愿且坚边设候，结和通使，休宁北陲，为功多矣。且无议军。』故百姓无内外之繇，得息肩于田亩，天下殷富，粟至十余钱，鸣鸡吠狗，烟火万里，可谓和乐者乎！

【注释】

①南越：秦时已在此地区置郡县。秦末农民起义后，继而发生楚汉战争，原南海郡龙川县令赵佗乘机自立为南越王。汉朝建立后，南越政权时服时叛，至武帝元鼎元年（公元前116年），此地区归汉朝直接统治。『朝鲜』，秦末，燕人卫满率领一批人进入辽河流域部分地区及古朝鲜地区，建立政权。至汉武帝元封三年（公元前108年），汉朝在卫氏政权辖区内设置真番、临屯、乐浪、玄菟四郡。②选蠕：蠕动，虫行貌。选，同『巽』，柔弱。

【译文】

历经两朝，至孝文帝即位后，将军陈武等上奏议说：『南越、朝鲜，自从秦朝全盛时就内附为臣子，后来陈兵边境，阻塞道路，迟疑观望，伺机而动。高祖时，天下刚刚平定，人民才过上稍微安定的生活，不宜于再进行战争。现在陛下以仁爱恩惠抚养百姓，德泽广被于四海之内，应当趁着官民都乐意听命效力的时候，征讨叛逆势力，统一天下。』孝文帝说：『我只能任用文臣治理天下，没有考虑过用兵的事情。从前遇到吕氏作乱，朝廷的功臣宗室都不以拥立为羞耻，使我居于本不应属于我的帝位，我经常战战兢兢，唯恐王业中途发生变故。况且战争是凶恶的事件，虽然能实现夙愿，但战事一起，就必然劳民伤财，何况还要使百姓远征，这怎么说呢？而且过世的皇帝都知道役使人民不宜过于频繁，所以不曾考虑过用兵的事。我怎么敢自己逞能？现在匈奴入侵，军队和官吏抗击无功，边疆人民中父子长期手执兵器作战，因此，我常常感到不安，悲伤哀痛，没有一天会忘怀的。目下既然不能抗拒匈奴，解除边患，但愿严阵以待，部署侦察的斥候，朝廷与匈奴结好议和，互通使节，能使北部边境人民安居休养，这就是很大的功绩了。暂时先不要议论战争的事情。』从此，百姓在境内外都免除了徭役，得在自己的村落中休养生息，天下富足，谷米只十几个钱一斛，鸡犬之声相闻，炊烟连绵万里，可以说已经达到和平快乐的境地了！

【原文】

太史公曰：文帝时，会天下新去汤火，人民乐业，因其欲然，能不扰乱，故百姓遂安。自年六七十翁亦未尝至市井，游敖嬉戏如小儿状。孔子所称有德君子者邪！

《书》曰『七正』①，二十八舍②。律历，天所以通五行③八正之气，天所以成孰万物也。舍者，日月所舍。舍者，舒气也。

【注释】

①七正：《尚书·舜典》原作『七政』。孔安国注：『七政，日月五星各异政。舜察天文，齐七政，以审己当

天心与否。』观察日月及金木水火土诸星现象的变化，以辨别各项政治措施的得失。②二十八舍：本志太史公论赞引作『二十八宿』。《索隐》认为『二十八舍是二十八宿之所舍也』。舍，停留的意思。古人把天空中可见的星分成二十八组，东南西北四方各七宿。《淮南子·天文训》：『五星八风二十八宿。』高诱注：『二十八宿，东方（苍龙七宿）角、亢、氐、房、心、尾、箕，北方（玄武七宿）斗、牛、女、虚、危、室、壁，西方（白虎七宿）奎、娄、胃、昴、毕、觜、参，南方（朱鸟七宿）井、鬼、柳、星、张、翼、轸也。』名称与本志稍异。③五行：指金、木、水、火、土五种物质。古人常用这五种物质附会说明万物的起源和变化。

【译文】

太史公说：文帝时，正当天下刚刚摆脱了战争的灾难，人人安居乐业，官府听任他们按照自己的愿望行动，尽量不扰乱他们，所以百姓都感到顺心安宁。即便六七十岁的老翁也没有到过集市，而游玩戏乐，就像小儿一样。他们就是孔子所称赞的道德高尚的君子吧！

《尚书》上说到『七正』『二十八宿』。乐律历法是上天所以运行『五行』『八正』之气，使万物滋生成熟的根源。舍就是日月留住的地方。舍是舒缓气力的意思。

【原文】

不周风居西北，主杀生。东壁居不周风东，主辟生气而东之①。至于营室。营室者，主营胎阳气而产之。东至于危。危，垝也。言阳气之垝，故曰危。十月也，律中应钟②。应钟者，阳气之应，不用事也。其于十二子③为亥。亥者，该也。言阳气藏于下，故该④也。

【注释】

①主辟生气而东之：按本篇文例，应在「气」字下断句，「而」「之」疑都是衍文，「东」下连「至于营室」。译文即按此义理解。②律中应钟：古代相传，以十二律配合十二月，而以葭灰填充律管一端。不同的节气至，则葭灰自相应的律管中飞出。译文即按此义理解。下同。应钟，《淮南子·天文训》高诱注（以下简称《天文训》高注）：「阴应于阳，转成其功，应时聚藏，故曰应钟。」③十二子：即「十二支」。地支：子、丑、寅、卯、辰、巳、午、未、申、酉、戌、亥。④该：通「阂」。《正义》引孟康曰：「阂，藏塞也。」

【译文】

「不周风」起于西北方，掌管毁灭生息。「东壁」宿处于不周风的东面，掌管辅助生息。往东到达「营室」宿。营室掌管孕育并生产阳气。往东到达「危」宿。危是垝坏的意思，表明阳气的毁坏，所以称之为危。它合于十月，在十二律中与应钟相感应。应钟和阳气相应，这时阳气还不能发挥效用。它在十二支中属于亥。亥同该，是隔碍的意思。表明阳气仍然潜藏在地下，所以称之为该。

【原文】

广莫[1]风居北方。广莫者，言阳气在下，阴莫阳广大[2]也，故曰广莫。东至于虚。虚者，能实能虚。言阳气冬则宛[3]藏于虚，日冬至[4]则一阴下藏，一阳上舒，故曰虚。东至于须女。言万物变动其所，阴阳气未相离，尚相胥[5]如也，故曰须女。十一月也，律中黄钟[6]。黄钟者，阳气踵黄泉而出也。其于十二子为子。子者，滋也；滋者，言万物滋于下也。其于十母[7]为壬癸。壬之为言任[8]也，言阳气任养万物于下也。癸之为言揆也，言万物可揆度，故曰癸。东至牵牛。牵牛者，言阳气牵引万物出之也。牛者，冒也，言地虽冻，能冒而生也。牛者，耕植种万物也。东至于建星。建星者，建诸生也。十二月也，律中大吕⑨。大吕者，其于十二子为丑。

【注释】

①广莫：广大。②阴莫阳广大：句中可能有讹误。译文按上下文义理解。③宛：《正义》：『音蕴。』④冬至：每年二十四节气之一。⑤胥：须要；如，随从。⑥黄钟：《天文训》高注：『钟者，聚也。阳气聚于黄泉之下也。』⑦十母：即『十干』。天干：甲、乙、丙、丁、戊、己、庚、辛、壬、癸。⑧任：通『妊』，孕育。⑨大吕：《天文训》高注：『吕，侣也。万物萌动于下，未能达见，故曰大吕。』

【译文】

『广莫风』起于北方。广莫表明阳气潜藏于地下，阴气仍然比阳气盛大，所以称之为广莫。往东到达『虚』宿。虚就是能实能虚的意思，表明阳气蕴藏在虚宿，等到冬至节，一半阴气往下潜藏，一半阳气往上舒展，所以称之为虚。往东到达『须女』宿。须女，表明万物各自于所生之处变化，阴阳二气还没有分离，还互相需要，所以称之为须女。它合于十一月，在十二律中与黄钟相感应。黄钟是阳气先聚于黄泉之下而又冒出地面的意思。它在十二支中属于子。子，是滋生的意思；滋生，表明万物正滋生于地下。它在十干中属壬癸。壬的意思即任，表明阳气孕育万物于地下。癸的意思即揆，表明万物的滋生已可揆度预期，所以称之为癸。往东到达『牵牛』宿。牵牛，表明阳气牵引万物生出地面。牛，是冒出的意思，表明土地虽然冰冻，但万物却能冒出地面而生长。牛能耕田，万物得以种植。往东到达『建星』宿。建星是培养各种生物的意思。它合于十二月，在十二律中与大吕相感应。大吕在十二支中属于丑。

【原文】

条风居东北，主出万物。条之言条治万物而出之，故曰条风。南至于箕。箕者，言万物根棋①，故曰箕。正月也，律中泰蔟②。泰蔟者，言万物蔟生也，故曰泰蔟。其于十二子为寅。寅言万物始生螾然③也，故曰寅。南至于尾，言万物始生如尾也。南至于心，言万物始生有华心④也。南至于房。房者，言万物门户也，至于门则出矣。

【注释】

①棋：日本学者猪饲彦博认为“棋”通“基”（见《史记会注考证》）。②泰蔟：《天文训》高注：“蔟，蔟也。阴衰阳发，万物蔟地而生，故曰泰蔟。”③螾然：《天文训》：“指寅则万物螾螾也。”高注：“动生貌。”④华心：疑指种子。华，同“花”。译文据此义理解。

【译文】

“条风”起于东北，掌管生育万物。条的意思即调理万物，使之顺利出生，所以称之为条风。往南到达“箕”宿。箕，表明是万物的根基，所以称之为箕。它合于正月，在十二律中和泰蔟相感应。泰蔟，表明万物从聚而生，所以称之为泰蔟。它在十二支中属于寅。寅，表明万物刚出生时生机勃勃的样子，所以称之为寅。往南到达“尾”宿。尾，表明万物刚出生时像个尾巴一样。往南到达“心”宿。心，表明万物刚出生时嫩芽上顶着种子的皮壳。往南到达“房”宿。房，表明是万物的门户，出了门口就冒出地面了。

【原文】

明庶风居东方。明庶者，明众物尽出也。二月也，律中夹钟①。夹钟者，言阴阳相夹厕也。其于十二子为卯。卯之为言茂也，言万物茂也。其于十母为甲乙。甲者，言万物剖符甲②而出也；乙者，言万物生轧轧③也。南至于氐。氐者，言万物皆至也。南至于亢。亢者，言万物亢见也。南至于角。角者，言万物皆有枝格如角也。三月也，律中姑洗④。姑洗者，言万物洗生。其于十二子为辰。辰者，言万物之蜄也。

【注释】

①夹钟：《天文训》高注：『夹，夹也。万物去阴，夹阳地而生，故曰夹钟。』②符甲：即孚甲。《礼记·月令》：『其日甲乙。』郑玄注：『万物皆解孚甲，自抽轧而出。』孚，通『稃』，谷皮。这里当泛指一切种子的皮壳。③生轧轧：应解作『自抽轧而出』为妥。轧，车辗。抽轧比喻万物抽芽时如由孚甲裂缝中挤出。④姑洗：《天文训》高注：『姑，故也；洗，新也。阳气养生，去故就新，故曰姑洗也。』

【译文】

『明庶风』起于东方。明庶，表明万物都冒出地面了。它合于二月，在十二律中和夹钟相感应。夹钟，表明阴气和阳气互相夹杂糅合。它在十二支中属于卯。卯的意思和茂相同，表明万物长势茂盛。它在十干中属甲乙。甲，表明万物初生时冲破种子的皮壳而长出幼芽；乙，表明万物初生时须经冲挤的曲折历程。往南到达『氐』宿。氐，表明万物都已来到。往南到达『亢』宿。亢，表明万物都已茂盛地出现了。往南到达『角』宿。角，表明万物都长出枝条，好像走兽长出的角。它合于三月，在十二律中和姑洗相感应。姑洗，表明万物生长旺盛，焕然一新。它在十二支中属于辰。辰，表明万物的振兴。

【原文】

清明风居东南维①，主风吹万物而西之②。至于轸。轸者，言万物益大而轸轸然。西至于翼。翼者，言万物皆有羽翼也。四月也，律中中吕③。中吕者，言万物尽旅而西行也。其于十二子为巳。巳者，言阳气之已尽也④。西至于七星。七星者，阳数成于七，故曰七星。西至于张。张者，言万物皆张也。西至于注。注者，言万物之始衰，阳气下注，故曰注。五月也，律中蕤宾⑤。蕤宾者，言阴气幼少，故曰蕤；痿阳不用事，故曰宾。

【注释】

①维：《天文训》高注：『四角为维。』四角指东南、西南、东北、西北。②主风吹万物而西之：按文例，应在『物』字下断句，『而』『之』疑都是衍文，『西』下连『至于轸』。译文即按此义理解。③中吕：《天文训》高注：『阳在外，阴在中，所以吕中于阳，助成功也，故曰中吕也。』④言阳气之已尽也：《天文训》作『巳则生巳（已）定也』。⑤蕤宾：《天文训》高注：『阴气萎蕤在下，似主人；阳气在上，似宾客，故曰蕤宾也。』

【译文】

『清明风』起于东南角，掌管以风吹动万物。往西到达『轸』宿。轸，表明万物日益壮大兴旺。往西到达『翼』宿。翼，表明万物都有羽毛翅膀。它合于四月，在十二律中和中吕相感应。中吕，表明万物都向西移动。它在十二支中属于巳。巳，表明阳气已经竭尽。往西到达『七星』宿。七星的意思是说阳气的数已经达到七，所以称之为七星。往西到达『张』宿。张，表明万物都已张开。往西到达『注』宿。注，表明万物开始衰败，阳气向下倾注，所以称之为注。它合于五月，在十二律中和蕤宾相感应。蕤宾，表明阴气弱小，所以称之为蕤；阳气痿缩不能发挥效用，所以称之为宾。

【原文】

景风居南方。景者，言阳气道竟，故曰景风。其于十二子为午。午者，阴阳交。故曰午[1]。其于十母为丙丁。丙者，言阳道著明，故曰丙；丁者，言万物之丁壮也，故曰丁。西至于弧。弧者，言万物之吴落[2]且就死也。西至于狼。狼者，言万物可度量，断万物，故曰狼。

【注释】

①午：《天文训》：『午者，忤也。』②吴落：《史记会注考证》引杨慎云：『「吴」音弧。「弧落」，凋落也。』

【译文】

『景风』起于南方。景，表明阳气运行已经到了尽头，所以称之为景风。它在十二支中属于午。午是阴气阳气交错的意思，所以称之为午。它在十干中属丙丁。丙，表明阳气彰明较著，所以称之为丙；丁，表明万物正在茁壮之时，所以称之为丁。往西到达『弧』宿。弧，表明万物凋落，即将枯死。往西到达『狼』宿。狼，表明万物是可以度量的，能衡量万物，所以称之为狼。

【原文】

凉风居西南维，主地。地者，沉夺万物气也。六月也，律中林钟[1]。林钟者，言万物就死气林林然。其于十二子为未。未者，言万物皆成，有滋味也。北至于罚。罚者，言万物气夺可伐也。北至于参。参言万物可参也，故曰参。七月也，律中夷则[2]。夷则，言阴气之贼万物也。其于十二子为申。申者，言阴用事，申贼万物，故曰申。北至于浊。浊者，触也，言万物皆触死也，故曰浊。北至于留。留者，言阳气之稽留也，故曰留。八月也，律中南吕[3]。南吕者，言阳气之旅入藏也。其于十二子为酉。酉者，万物之老也，故曰酉。

【注释】

①林钟：《天文训》高注：『林，众；钟，聚也。阳极阴生，万物众聚而盛，故曰林钟。』②夷则：《天文训》高注：『夷，伤；则，法也。阳衰阴发，万物凋伤，应法成性，故曰夷则也。』③南吕：《天文训》高注：『南，任也，言阳气内藏，阴侣于阳，任成其功，故曰南吕也。』

【译文】

『凉风』起于西南角，掌管土地。土地可以清除断绝万物赖以生存之气。它合于六月，在十二律中和林钟相感应。林钟，表明万物将趋向死气，但已达到丰富成熟的地步。它在十二支中属于未。未，表明万物都已成熟，有滋味。往北到达『罚』宿。罚，表明万物生气断绝，可以砍伐了。往北到达『参』宿。参，表明万物可以掺杂混合，所以称之为参。它合于七月，在十二律中和夷则相感应。夷则，表明阴气残害万物。它在十二支中属于申。申，表明阴气伸展，正发挥效用，侵害万物，所以称之为申。往北到达『浊』宿。浊，是触犯的意思，表明万物都受到触犯而死亡，所以称之为浊。往北到达『留』宿。留，表明阳气仍然存留，所以称之为留。它合于八月，在十二律中和南吕相感应。南吕，表明阳气移入而深藏。它在十二支中属于酉。酉，表明万物衰老，所以称之为酉。

【原文】

阊阖风居西方。阊者，倡也；阖者，藏也。言阳气道万物，阖黄泉也。其于十母为庚辛①。庚者，言阴气庚万物，故曰庚；辛者，言万物之辛生，故曰辛。北至于胃②。胃者，言阳气就藏，皆胃胃也。北至于娄③。娄者，呼万物且内之也。

北至于奎[4]。奎者，主毒螫杀万物也，奎而藏之。九月也，律中无射[5]。无射者，阴气盛用事，阳气无余也，故曰无射。其于十二子为戌。戌者，言万物尽灭，故曰戌[6]。

【注释】

①庚：《礼记·月令》郑玄注：「庚之言更也，万物皆肃然更改。」辛：新。②胃：《史记·天官书》：「胃为天仓。」《说文解字》肉部：「胃，谷府也。」③娄：《史记·天官书》：「娄为聚众。」《说文》女部：「娄，空也。」④奎：《后汉书·苏竟传》：「奎为毒螫，主库兵。」《史记·天官书》《正义》：「奎，天之府库。」⑤无射：《天文训》高注：「阴气上升，阳气下降，万物随阳而藏，无有射出见也，故曰无射。」⑥戌：《说文解字》戌部：「戌，灭也。九月阳气微，万物毕成，阳下入地也。」

【译文】

「阊阖风」起于西方。阊是倡导的意思，阖是闭藏的意思。它表明阳气引导万物出生，而阳气本身却隐藏在黄泉之下。它在十干中属庚辛。庚，表明阴气使万物变更；辛，表明万物得到新生，所以称之为辛。往北到达「胃」宿。胃，表明阳气隐藏，就像进入仓府中一样。往北到达「娄」宿。娄，招致万物并加以容纳。往北到达「奎」宿。奎，掌管残害万物，并像府库一样加以收藏。它合于九月，在十二律中和无射相感应。无射，表明阴气旺盛地发挥效用，阳气在地上已经不存在了，所以称之为无射。它在十二支中属于戌。戌，表明万物完全毁灭，所以称之为戌。

【原文】

律数[1]：九九八十一[2]以为宫。三分去一，五十四以为徵。三分益一，七十二以为商。三分去一，四十八以为羽。

三分益一，六十四以为角。

黄钟长八寸十分一，宫③。大吕长七寸五分三分二④。太蔟长七寸十分二，角⑤。夹钟长六寸七分三分一⑥。姑洗长六寸十分四，羽⑦。仲吕长五寸九分三分二，徵⑧。蕤宾长五寸六分三分二⑨。林钟长五寸十分四，角⑩。夷则长五寸三分二，商⑪。南吕长四寸十分八，徵⑫。无射长四寸四分三分二⑬。应钟长四寸二分三分二，羽⑭。

【注释】

①律数：沈括《梦溪笔谈》卷八：律数「有实积之数，有长短之数，有周径之数」。此处可能指实积之数。②九九八十一，以为宫：沈括认为「其八十一、五十四、七十二、四十八、六十四，止是实积数耳」。所谓「实积」即指律管容积而言。《汉书·律历志》颜师古注引孟康曰：「黄钟律长九寸，围九分，以围乘长，得积八十一寸也。」当时还不知道容积的算法，所以认为「以围乘长」，即可求得容积之数。③黄钟长八寸十分一，宫：沈括认为此处以及以下的数字尤误：「此亦实积耳，非律之长也。盖其间文字又有误者，疑后人传写之失也。」罗宗涛、李时铭认为，此处以及下文的「宫」「角」「羽」等字都是衍文。据此，「黄钟长八寸十分一，宫」，疑应作「黄钟长八十一寸」。此处的「长」字也应理解为容积的长度。④大吕长七寸五分三分二：疑应作「七十五寸三分二」。⑤太蔟长七寸十分二，角：疑应作「七十二寸」。⑥夹钟长六寸七分三分一：疑应作「夹钟长六十七寸三分一」。⑦姑洗长六寸十分四，羽：疑应作「姑洗长六十四寸」。⑧仲吕长五寸九分三分二，徵：疑应作「仲吕长五十九寸三分二」。⑨蕤宾长五寸六分三分二：疑应作「蕤宾长五十六寸三分二」。⑩林钟长五寸十分四，角：疑应作「林钟长五十四寸」。⑪夷则长五寸三分二，商：疑应作「夷则长五十寸三分二」。⑫南吕长四寸十分八，徵：疑应作「南

吕长四十八寸』。⑬无射长四寸四分三分二：疑应作『无射长四十四寸三分二』。⑭应钟长四寸二分三分二，羽：疑应作『应钟长四十二寸三分二』。

【译文】

律数：

九乘以九，是八十一，为宫声律数。宫声律数减去三分之一，是五十四，为徵声律数。徵声律数加上三分之一，是七十二，为商声律数。商声律数减去三分之一，是四十八，为羽声律数。羽声律数加上三分之一，是六十四，为角声律数。

黄钟长八十一寸，大吕长七十五寸又三分之二，太蔟长七十二寸，夹钟长六十七寸又三分之一，姑洗长六十四寸，仲吕长五十九寸又三分之二，蕤宾长五十六寸又三分之二，林钟长五十四寸，夷则长五十寸又三分之二，南吕长四十八寸，无射长四十四寸又三分之二，应钟长四十二寸又三分之二。

【原文】

生钟分：

子一分①。丑三分二。寅九分八。卯二十七分十六。辰八十一分六十四。巳二百四十三分一百二十八。午七百二十九分五百一十二。未二千一百八十七分一千二十四。申六千五百六十一分四千九十六。酉一万九千六百八十三分八千一百九十二。戌五万九千四十九分三万二千七百六十八。亥十七万七千一百四十七分六万五千五百三十六。

【注释】

①子一分：这一段说明各律产生的次序及律管长度的比例。『子』代表黄钟，『丑』代表太蔟，余类推。王光祈在《中国音乐史》中指出『子一分』是假设之数，此说甚是。以此数为起点，按『三分损益法』求其他各律长度相比之数。

【译文】

钟律产生的方法：

子律长定为一分，丑律长就是三分之二，寅律长是九分之八，卯律长是二十七分之十六，辰律长是八十一分之六十四，巳律长是二百四十三分之一百二十八，午律长是七百二十九分之五百一十二，未律长是二千一百八十七分之一千零二十四，申律长六千五百六十一分之四千零九十六，酉律长一万九千六百八十三分之八千一百九十二，戌律长五万九千零四十九分之三万二千七百六十八，亥律长十七万七千一百四十七分之六万五千五百三十六。

【原文】

生黄钟术曰①：以下生②者，倍其实③，三其法④。以上生⑤者，四其实⑥，三其法。上九，商八，羽七，角六，宫五，徵九⑦。置一而九三之以为法⑧。实如法，得长一寸⑨。凡得九寸⑩，命曰『黄钟之宫』。故曰音始于宫，穷于角⑪；数始于一，终于十，成于三；气始于冬至，周而复生。

【注释】

①生黄钟术曰：研究者多认为『黄』字衍。②下生：即『三分损一』，减去原律长度的三分之一，保留三分之二。③倍其实：『实』指原律长度，加大二倍。④三其法：取其三分之一，以为法。⑤上生：即『三分益一』，增加原

律长度的三分之一。⑥四其实：加大原律长度四倍。⑦『上九』至『徵九』，不详。⑧置一而九三之以为法：据《汉书·律历志》此句下应补『十一三之以为实』七字。九三之，即以『三』乘『一』九次，得19683。这是夹钟的法数。『十一三之』，即以『三』乘『一』十一次，得177147。这是中吕的法数。⑨实如法，得长一寸：不详。⑩凡得九寸：不详。⑪始于宫，穷于角：见上文律数注。

【译文】

钟律产生的方法如下：向下生的，实数加二倍，法数加三倍；向上生的，实数加四倍，法数加三倍。上九，商八，羽七，角六，宫五，徵九。以『一』为基数，以『三』乘『一』九次，求得法数。实如法，得长一寸。凡得九寸，命曰『黄钟之宫』。所以说五音以宫声为开端，以角声为终结；数以一为开端，以十为终结，而以三为关键；阳气的升起开始于冬至，经历一年后而重新升起。

【原文】

神生于无①，形成于有，形然后数，形而成声，故曰神使气，气就形。形理如类有可类。或未形而未类，或同形而同类，类而可班②，类而可识。圣人知天地识之别，故从有以至未有，以得细若气，微若声。然圣人因神而存之，虽妙必效情，核其华道者明矣。非有圣心以乘聪明，孰能存天地之神而成形之情哉？神者，物受之而不能知其去来，故圣人畏而欲存之。唯欲存之，神之亦存。其欲存之者，故莫贵焉。

【注释】

①神：相当于老子所说的『道』。无：指『虚无』的境界。②班：《考证》引惠栋曰：『班，别也，义与辨同。』

【译文】

『神』本来生存于虚无之中，而『形』则出现于有了天地万物之后。有形体然后有律数，有形体然后有五声。所以说神产生气，气化而成形体。形体的质理各有类别，可以分类。有的没有定形，不能归类，有的同形而归于同类，类属是可以分辨的，可以识别的。圣人知道天地万物的分别，能从各种形体以至虚无之时，了解到其隐约如气、其深微如声等事物。但圣人是借助神来了解万物的，人虽然巧妙，自己却应发挥情理，研核万物的神奇道理，自然就聪明起来。假如没有圣人的心灵和聪明，还有谁能了解天地间由神而产生形体的情况呢？神存在于万物之中，但万物不知其行踪，所以圣人怕它离去，总想把它保存下来。正是由于想保存它，神就留下来。凡是想保存它的人，能重视它就是最好的办法了。

【原文】

太史公曰：在旋玑玉衡①以齐七政，即天地二十八宿。十母，十二子，钟律调自上古。建律运历造日度，可据而度也。合符节，通道德，即从斯之谓也。

【注释】

①旋玑：古代观测天文的仪器。玉衡：古代天文仪器浑天仪的一个部件。旋，或作『璇』。

【译文】

太史公说：观察旋玑、玉衡，以了解日月五星所表现的七种政事的变化，这就是指二十八宿说的。十干、十二支和钟律从上古就定下来。建立乐律之后，推算历法，制定各种法度，就都有据可依了。以符节相合表示信任，共同遵守道德，就是从这里开始的。

越王勾践世家

【原文】

越王勾践，其先禹之苗裔，而夏后帝少康之庶子①也。封于会稽②，以奉守禹之祀。文身断发③，披草莱而邑焉。后二十余世，至于允常④。允常之时，与吴王阖庐⑤战而相怨伐。允常卒，子勾践立，是为越王。

【注释】

①夏后：夏朝的国号。庶子：宗法社会中非正妻所生之子。②封：古代帝王把爵位或土地赐给亲属或臣下。会稽：山名。在今浙江中部绍兴、嵊州市、诸暨、东阳间，主峰在嵊州市西北。相传夏禹至苗山大会诸侯，计功封爵，始名会稽，即会计之意。③文身：在身上刺有花纹。断发：剪短头发。文身断发是我国古代南方民族的一种习俗。④允常：春秋末年越国国君，越侯夫谭之子。公元前510年至前496年在位。⑤阖庐：春秋末年吴国君，吴王诸樊之子，名光，是杀死其侄吴王僚而自立的。公元前514年至前496年在位。

【译文】

越王勾践，他的祖先是禹的后代，是夏后帝少康的庶子，被封在会稽，以祭祀和守护禹的宗庙。他们身刺花纹，头剪短发，斩草辟荒，在那里建立了城邑。这以后传了二十多代，到了允常。当允常在位的时候，与吴王阖庐因战争结下仇怨而互相征伐。允常死后，他的儿子勾践即位，这就是越王。

【原文】

元年①，吴王阖庐闻允常死，乃兴师伐越。越王勾践使死士挑战，三行，至吴陈②，呼而自刭。吴师观之，越因袭击吴师，吴师败于槜李③，射伤吴王阖庐。阖庐且死，告其子夫差曰：『必毋忘越。』

【注释】

①元年：指越王勾践元年，即公元前496年。②陈：通『阵』。③槜李：地名。又作『醉李』『就李』。故地在今浙江嘉兴西南。

【译文】

元年，吴王阖庐听到越王允常去世的消息，便起兵征伐越国。越王勾践派敢死的武士前去挑战，队伍排成三行，走到吴军阵地前，大叫一声就自杀了。正当吴军注意观看这一举动的时候，越军乘机突然袭击吴军。吴军在槜李这个地方被打败了，吴王阖庐也被箭射成重伤。阖庐临终的时候，告诫他的儿子夫差说：『一定不要忘记对越国的仇恨！』

【原文】

三年，勾践闻吴王夫差日夜勒兵，且以报越，越欲先吴未发往伐之。范蠡①谏曰：『不可。臣闻兵者凶器也，战者逆德也，争者事之末也。阴谋逆德，好用凶器，试身于所末，上帝禁之，行者不利。』越王曰：『吾已决之矣。』遂兴师。吴王闻之，悉发精兵击越，败之夫椒②。越王乃以余兵五千人保栖于会稽。吴王追而围之。

【注释】

①范蠡：春秋末年楚国宛（今河南南阳）人。字少伯。越大夫。越为吴所败，曾赴吴为质二年。辅佐越王勾践，

官至上将军。越灭吴后，离越经商。号陶朱公。②夫椒：山名。故地在今浙江绍兴市北之太湖中。

【译文】

三年，勾践听说吴王夫差日夜练兵，准备报复越国，就打算在吴国尚未兴师时征伐他们。范蠡劝谏说：『不能这样做。我听说，兵器是不吉利的东西，战争是违反道义的行为，争斗是最坏的事情，企图违背道义，喜欢使用凶器，亲身去做坏事，是上天所不允许的，做这样的事是不会有好处的。』越王说：『我的决心已经下定了。』于是就发兵了。吴王闻讯后，全部出动精锐部队打击越军，在夫椒山把越军打败。越王只好带着残存的五千人马退守在会稽山上，吴王率兵追来并包围了越军。

【原文】

越王谓范蠡曰：『以不听子故至于此，为之奈何？』蠡对曰：『持满者与天，定倾者与人，节事者以地。卑辞厚礼以遗之，不许，而身与之市。』勾践曰：『诺。』乃令大夫种①行成于吴，膝行顿首曰：『君王亡臣勾践使陪臣种敢告下执事：勾践请为臣，妻为妾。』吴王将许之。子胥②言于吴王曰：『天以越赐吴，勿许也。』种还，以报勾践。勾践欲杀妻子，燔宝器，触战以死。种止勾践曰：『夫吴太宰嚭贪，可诱以利，请间行言之。』于是勾践乃以美女宝器令种间献吴太宰嚭。嚭受，乃见大夫种于吴王。种顿首言曰：『愿大王赦勾践之罪，尽入其宝器。不幸不赦，勾践将尽杀其妻子，燔其宝器，悉五千人触战，必有当也。』嚭因说吴王曰：『越以服为臣，若将赦之，此国之利也。』吴王将许之。子胥进谏曰：『今不灭越，后必悔之。勾践贤君，种、蠡良臣，若反国，将为乱。』吴王弗听，卒赦越，罢兵而归。

【注释】

①大夫种：即文种，字少禽，一作『子禽』，楚国郢（今湖北江陵）人。佐勾践灭吴后被杀。『大夫』是官名。

②子胥：即伍员，原是楚国人，父兄遭楚平王杀害后，逃至吴国，为吴王谋臣。事详本书《伍子胥列传》。

【译文】

越王对范蠡说：『我因为没听你的劝告，所以弄到了这般地步，该怎么办呢？』范蠡回答说：『能够不骄傲自满的，就可以得到天助；能够使国家转危为安的，就可以得人心；能够简省节约的，就可以得地利。以谦卑的言辞给他们送去丰厚的礼品，如果还不肯讲和的话，就用你的身子去同他们换取妥协。』勾践说：『好吧。』便命令大夫文种去到吴军营寨求和。文种跪在地上，一边匍匐一边叩头说：『大王的亡命之臣勾践派属官文种向您手下的官员报告：勾践请求做您的臣子，他的妻子做您的侍妾。』吴王准备答应文种的要求。伍子胥对吴王说：『天把越国赐给吴国，不要答应他们。』文种回来后，把上述情况报告给勾践。勾践绝望地想杀死妻子儿女，烧毁珍宝器物，孤注一掷去战死。文种劝阻勾践说：『吴国太宰伯嚭贪财，可以用重利来诱使他帮忙。请让我单独秘密去见他。』于是，勾践便让文种悄悄地把美女珠宝献给吴国太宰伯嚭。伯嚭接受了贿赂，就带文种去见吴王。文种顿首致礼后说：『希望大王宽赦勾践的罪过，他将把所有的珍宝器物都献给您。如果不幸不能赦免的话，勾践打算杀掉他的妻子儿女，烧毁所有珍宝，以仅有的五千人决一死战，那一定会有相应的结果。』伯嚭因而劝吴王说：『越国已经降服为臣子了，如果宽赦了他们，这对我国是有利的。』吴王打算答应下来。伍子胥进谏道：『现在不灭越，以后一定要后悔。勾践是贤明的国君，文种、范蠡是忠良的大臣，如果让他们返回越国，将会造成叛乱。』吴王不听伍子胥的劝谏，最终还是赦免了越国，停止作战返回吴国。

【原文】

勾践之困会稽也，喟然[1]叹曰：『吾终于此乎？』种曰：『汤系夏台[2]，文王囚羑里[3]，晋重耳奔翟[4]，齐小白奔莒[5]，其卒王霸。由是观之，何遽不为福乎？』

【注释】

①喟然：叹气的样子。②汤：商朝开国之君，事详本书《殷本纪》。夏台：又称『均台』，夏朝的监狱名。相传汤曾被夏王桀囚禁于此。③文王：即周文王姬昌，周朝的开国之君，事详本书《周本纪》。羑里：地名，故地在今河南汤阴县北，周文王曾被商纣王囚禁于此。④重耳：晋文公的名字。为春秋时期的霸主之一，事详本书《晋世家》。翟：同『狄』，指翟国，故地在今山西省内。⑤小白：齐桓公的名字。为春秋时期的霸主之一，事详本书《齐太公世家》。莒：春秋时的一个小国，故地在今山东莒县一带。

【译文】

勾践被围困在会稽山的时候，叹息说：『我难道就要死在这里了吗？』文种说：『商汤被桀囚禁在夏台，文王被纣囚禁在羑里，晋公子重耳亡命翟国，齐公子小白逃到莒国，最终都成就了王霸之业。由此看来，哪能一定就说不是一种福气呢？』

【原文】

吴既赦越，越王勾践反国，乃苦身焦思，置胆于坐，坐卧即仰胆，饮食亦尝胆也。曰：『女忘会稽之耻邪？』

身自耕作，夫人自织，食不加肉，衣不重采，折节下贤人，厚遇宾客，振贫吊死，与百姓同其劳。欲使范蠡治国政，蠡对曰：『兵甲之事，种不如蠡；填抚国家，亲附百姓，蠡不如种。』于是举国政属大夫种，而使范蠡与大夫柘稽[1]行成，为质于吴。二岁而吴归蠡。

【注释】

①柘稽：越国大夫，《国语·越语》作『诸稽郢』。

【译文】

吴国赦免了越国之后，越王勾践回到越国，便苦身励志，发愤图强，在座旁悬挂一个苦胆，不论坐卧都能看到苦胆，吃饭时也要尝一尝苦胆，向自己发问：『你忘记会稽之耻了吗？』自己亲身躬耕，夫人也亲手纺织，不吃两种荤菜，不穿两种色彩的衣服，礼贤下士，优厚待客，赈济贫民，慰问遭丧人家，与百姓同甘共苦。勾践想让范蠡治理国政，范蠡回答说：『在带兵打仗方面，文种不如我，但在能使国家安定，人民拥戴方面，我不如文种。』因此，勾践就把国政全部交给文种大夫管理，而让范蠡与大夫柘稽去吴国作求和人质。两年后，吴国放回了范蠡。

【原文】

勾践自会稽归七年，拊循其士民，欲用以报吴。大夫逢[1]同谏曰：『国新流亡，今乃复殷给，缮饰备利，吴必惧，惧则难必至。且鸷鸟之击也，必匿其形。今夫吴兵加齐、晋，怨深于楚、越，名高天下，实害周室，德少而功多，必淫自矜。为越计，莫若结齐，亲楚，附晋，以厚吴。吴之志广，必轻战。是我连其权[2]，三国伐之，越承其弊，可克也。』勾践曰：『善。』

【注释】

①逢：姓。②连：这里是相牵引、把握之意。权：权宜。

【译文】

勾践从会稽返回已经七年，这期间他安抚官吏百姓，想以此向吴国复仇。大夫逢同进谏说：『国家刚刚经历流离失所之苦，现在才重新富足起来，如果现在就整治武备，吴国一定恐惧，一恐惧，战争的灾难就一定会降临。况且猎鹰在出击之前，必先隐蔽好自己。现在吴国向齐、晋两国兴兵，又同楚、越两国结下深怨。在天下威名赫赫，实际上对周王室形成了威胁，德行少而战功多，必然会过分矜傲。为越国着想，不如结交齐国，亲近楚国，随附晋国，而在外表却更尊重吴国。吴国野心膨胀，必然会轻易地发动战争。这就使我们把握时势，在三国伐吴之时，越国乘其疲困进攻，就可以攻克了。』勾践说：『好。』

【原文】

居二年，吴王将伐齐。子胥谏曰：『未可。臣闻勾践食不重味，与百姓同苦乐。此人不死，必为国患。吴有越，腹心之疾，齐与吴，疥瘲[1]也。愿王释齐先越。』吴王弗听，遂伐齐，败之艾陵[2]，虏齐高、国[3]以归。让子胥。子胥曰：『王毋喜！』王怒，子胥欲自杀，王闻而止之。越大夫种曰：『臣观吴王政骄矣，请试尝之贷粟，以卜其事。』请贷，吴王欲与，子胥谏勿与，王遂与之，越乃私喜。子胥言曰：『王不听谏，后三年吴其墟乎！』太宰嚭闻之，乃数与子胥争越议，因谗子胥曰：『伍员貌忠而实忍人，其父兄不顾[4]，安能顾王？王前欲伐齐，员强谏，已而有功，用是反怨王。王不备伍员，员必为乱。』与逢同共谋，谗之王。王始不从，乃使子胥于齐，闻其托子于鲍氏[5]，王乃大怒，曰：『伍员果欺寡人！』役反，使人赐子胥属镂⑥剑以自杀。子胥大笑曰：『我令而父霸⑦，我又立若⑧，若初欲分吴国半予我，我不受，已，今若反以谗诛我。嗟乎，嗟乎，一人固不能独立！』报使者曰：『必取吾眼置吴东门，以观越兵入也！』于是吴任嚭政。

【注释】

①疥癣：皮肤病。癣：同『癣』。②艾陵：地名，故地在今山东泰安县东南。③高、国：是当时齐国两个最大的世族。这里指齐大臣高昭子、国惠子。④其父兄不顾：此指如下事：楚平王拘押了伍奢，并想把伍奢的两个儿子伍尚、伍员也抓来，一起杀掉。就派人对他们说，只要你们来，就释放你们的父亲，不然就杀死他。伍员看穿了楚平王的阴谋，劝兄不要去，伍尚不听，结果父子二人被楚平王杀死，伍员逃到了吴国，后来策动吴国伐楚，报了仇。这里太宰嚭用这件事来说伍子胥只顾自己活命，不管父兄死活。⑤闻其托子于鲍氏：此指如下事：伍子胥感到吴国不安全，就乘出使齐国时，把儿子交给齐国大夫鲍牧抚养，改姓为王孙氏。因吴齐当时是敌国，所以吴王把这件事看作是通敌。⑥属镂：剑名。⑦我令而父霸：此指如下事：伍子胥自楚到吴后，帮助阖庐刺死吴王僚，夺得王位。又依靠他的谋划，西面打败楚国，北面进逼齐国，东南征服了越国，几乎成为中原霸主。⑧我又立若：此指如下事：阖庐的几个儿子争立太子，伍子胥向阖庐力争，夫差才得以继承王位。若，你。

【译文】

过了二年，吴王准备征伐齐国，伍子胥进谏说：『不行。我听说勾践不吃两样菜，与百姓同甘共苦。这个人不死，必然会成为我国的后患。吴国有越国存在，是腹心之疾，而齐国对于吴国来说，则不过是表面上的皮肤病。希望大王把齐国先放在一边，先讨伐越国。』吴王不听，于是便讨伐齐国，把齐国打败在艾陵，俘虏了高昭子和国惠子凯旋。回来后，吴王责备伍子胥，伍子胥说：『大王不要高兴！』吴王发怒，伍子胥打算自杀。吴王听说后制止了。越国大夫文种说：『我看吴王正处于骄傲自大的状态中，请试探一下，向他借粮，来观察一下他对越国有无戒心。』于是就向吴国请求借粮。吴王准备借给，伍子胥劝谏不要借给，吴王到底还是借给了越国，越国便暗自高兴。伍子胥说：『大王不听谏言，三年之后，吴国恐怕就要变成一片废墟了。』太宰伯嚭听说了此事，便在讨论越国问题时多次故意与伍子胥发生争执。因而向吴王进谗言谮毁伍子胥说：『伍员貌似忠厚，实际上是个心肠残忍的人，他连自己父兄的死活都不顾，难道还能顾及大王您吗？大王上次准备讨伐齐国，伍员横加阻拦，不久伐齐成功，他又反过来拿这件事来指责大王。大王如不防备伍员，伍员一定会作乱。』并同逢同一起谋划，向吴王进谗言。吴王起初不听，便派伍子胥出使齐国。后来听说他把儿子托付给齐国大夫鲍氏抚养，吴王大怒，说：『伍员果然在欺骗我！』伍子胥出使回来后，吴王派人赐给伍子胥属镂剑，让他自杀。伍子胥大笑说：『我使你父亲成就了霸业，我又拥立你为王，你最初把吴国分一半给我，我不接受就算了，现在反而听信谗言杀我。可叹呀！可叹呀！你孤家寡人是一定不能独立长久的！』并且告诉来的人说：『一定要把我的眼睛取下来放在吴都东门上，我要看着越兵打进来！』从此，吴王让太宰嚭管理国政。

【原文】

居三年，勾践召范蠡曰：『吴已杀子胥，导谀者众，可乎？』对曰：『未可。』

至明年春，吴王北会诸侯于黄池①，吴国精兵从王，惟独老弱与太子留守。勾践复问范蠡，蠡曰：『可矣。』乃发习流[②]二千人，教士[③]四万人，君子[④]六千人，诸御[⑤]千人，伐吴。吴师败，遂杀吴太子。吴告急于王，王方会诸侯于黄池，惧天下闻之，乃秘之。吴王已盟黄池，乃使人厚礼以请成越。越自度亦未能灭吴，乃与吴平。

【注释】

①吴王北会诸侯于黄池：此指公元前482年吴王夫差在黄池大会诸侯，与晋国争霸。黄池：地名，故地在今河南封丘县西南。②习流：指熟悉水战的士兵。③教士：指训练有素的士兵。④君子：此指国君的禁卫士兵。⑤诸御：指担任各种职务的军官。

【译文】

过了三年，勾践叫来范蠡问道：『吴王已经杀了伍子胥，周围尽是些阿谀奉承的人，可以讨伐了吗？』回答说：『不行。』

到了第二年春天，吴王北上在黄池与诸侯会盟，吴国的精兵都随从吴王去了，只剩下老弱兵将和太子在国内留守。勾践又问范蠡能否讨伐，范蠡说可以了。于是兴发水兵两千人，训练有素的士兵四万人，国君的禁卫部队六千人，担任各种职务的军官一千人，讨伐吴国。吴军战败，杀死了吴国太子。国内向吴王告急，吴王正在黄池与诸侯会盟，怕天下诸侯知道这件事，就把消息隐瞒下来。直到吴王在黄池与各国签订盟约后，才派人送厚礼去向越国求和。越国估计一时还不能够灭吴，便同吴国讲和了。

【原文】

其后四年，越复伐吴。吴士民罢弊，轻锐尽死于齐、晋。而越大破吴，因而留围之三年[①]，吴师败，越遂复栖吴王于姑苏之山[②]。吴王使公孙雄肉袒膝行而前，请成越王曰：『孤臣夫差敢布腹心，异日尝得罪于会稽，夫差不敢逆命，得与君王成以归。今君王举玉趾而诛孤臣，孤臣惟命是听，意者亦欲如会稽之赦孤臣之罪乎？』勾践不忍，欲许之。范蠡曰：『会稽之事，天以越赐吴，吴不取。今天以吴赐越，越其可逆天乎？且夫君王蚤朝晏罢，非为吴邪？谋之二十二年，一旦而弃之，可乎？且夫天与弗取，反受其咎。「伐柯者其则不远[③]」，君忘会稽之戹[④]乎？』勾践曰：『吾欲听子言，吾不忍其使者。』范蠡乃鼓进兵，曰：『王已属政于执事[⑤]，使者去，不者且得罪。』吴使者泣而去。勾践怜之，乃使人谓吴王曰：『吾置王甬东[⑥]，君百家。』吴王谢曰：『吾老矣，不能事君王！』遂自杀。乃蔽其面，曰：『吾无面以见子胥也！』越王乃葬吴王而诛太宰嚭。

【注释】

①因而留围之三年：从公元前475年十一月越国出兵围攻吴国，到公元前473年十一月灭吴，前后共三年。

②姑苏之山：山名，故地在今江苏苏州西南。③伐柯者其则不远：语出《诗经·豳风·伐柯》：『伐柯伐柯，其则不远。』

④戹：同『厄』，灾难，困苦。⑤执事：办事的人，此处是范蠡自称。⑥甬东：地名，故地在今浙江舟山岛。

【译文】

又过了四年，越国再次伐吴。吴国的士兵和百姓这时都已疲困不堪，精兵全都战死在齐晋两国。所以，越军大破吴军，并乘势驻军在吴国境内围困了吴军三年，吴军战败，越军又将吴王围困在姑苏之山。吴王派公孙雄光着上身，屈膝来到越王面前求和说：『罪臣夫差冒昧地向您陈述由衷之言，过去曾在会稽山得罪了您，夫差未曾敢违抗您的要求，让大王您平安地回国了。现在大王您即使举足诛杀罪臣，罪臣也一定服从。但我猜想您也能像会稽事件那样赦免我的罪过吧！』勾践不忍心拒绝，打算答应他的要求。范蠡说：『会稽那次，天把越国赐给吴国，吴国不要。现在天把吴国赐给了越国，越国难道还要违背天意吗？况且大王您天天一清早就上朝理政，直到很晚才休息，难道不就是为了灭吴吗？筹划了二十二年，一下子就把机会放弃了，能甘心吗？而且天已经赐给了还不要，反过来就要受害。「到山林中去砍伐做斧柄的材料，手里拿着的斧柄就是制作的榜样，不必远求。」您难道忘记了会稽山的灾难了吗？』勾践说：『我想听从你的话，但我又不忍心拒绝那个使者。』范蠡便击鼓进军，说道：『大王已经把军政大权交给了我，使者赶快走，不然将受到惩罚。』吴国使者哭泣着离开了。勾践动了恻隐之心，便派人对吴王说：『我将您安置在甬东，去做一百户人的君主。』吴王谢绝道：『我老啦，不能服侍大王了。』便自杀了。临死前遮住自己的脸说：『我没脸见伍子胥呀！』越王于是安葬了吴王，并杀掉了太宰伯嚭。

【原文】

勾践已平吴，乃以兵北渡淮，与齐、晋诸侯会于徐州①，致贡于周②。周元王使人赐勾践胙③，命为伯④。勾践已去，渡淮南，以淮上地与楚，归吴所侵宋地于宋，与鲁泗东方百里。当是时，越兵横行于江、淮东，诸侯毕贺，号称霸王。

【注释】

①徐州：地名，故地在今山东藤县南。②致贡于周：春秋末年，周王室衰微，诸侯很少纳贡，越国远在南方，同周王室的接触更是很少。而当越王勾践的势力已达中原时，他就首先向周王室进贡，以示拥护，来提高自己的威望，企图取得合法的霸主地位。③周元王：周朝第二十六代君主，公元前476年至前469年在位。胙：祭祀用的肉。④伯：诸侯的领袖，与公侯伯子男五等爵中的伯意义不同。春秋以降，周王室常常挑选一个有威望的诸侯，作为一部分诸

侯的领袖，称为伯。

【译文】

勾践灭吴以后，便挥师北渡淮水，与齐、晋两国诸侯在徐州盟会，向周王室纳贡。周元王派人向勾践赐胙，任命他为伯。勾践离开徐州后，渡过淮水南归，把淮上一带割给楚国，把吴国过去侵占宋国的土地归还宋国，割给鲁国泗水东岸方圆百里。在那个时候，越国军队在长江和淮水以东畅行无阻，诸侯都来祝贺，号称勾践为霸王。

【原文】

范蠡遂去，自齐遗大夫种书曰：『蜚鸟尽，良弓藏；狡兔死，走狗烹。越王为人长颈鸟喙，可与共患难，不可与共乐。子何不去？』种见书，称病不朝。人或谗种且作乱，越王乃赐种剑曰：『子教寡人伐吴七术，寡人用其三而败吴，其四在子，子为我从先王试之。』种遂自杀。

勾践卒①，子王鼫与②立。王鼫与卒，子王不寿③立。王不寿卒，子王翁立。王翁卒，子王翳立。王翳卒，子王之侯立。王之侯卒，子王无彊立。

【注释】

①勾践卒：时为公元前465年。②王鼫与：公元前465年至前459年在位。③王不寿：公元前459年至前449年在位。

【译文】

范蠡在越王已成就霸业后便离开了越国，他从齐国捎给文种大夫一封信说：『飞鸟一旦被猎尽，猎人就要把良弓收藏起来了，狡猾的兔一旦被打死，猎狗就要被人烹食了。越王长得鸟嘴长脖颈，可以同他共患难，却不可以同他共享乐，你为什么还不离开他？」文种看了这封信，便称病不再上朝了。有人向勾践进谗言说文种要作乱，越王便赐给文种一把剑说：「你教给我七条伐吴的计策，我只用了三条就把吴国打败了。那四条计策还在你那里，你为我跟着先王去试试它吧！」文种便自杀了。

勾践去世后，他的儿子王鼫与即位。王鼫与去世后，他的儿子王不寿即位。王不寿去世后，他的儿子王翁即位。王翁去世后，他的儿子王翳即位，王翳去世后，他的儿子王之侯即位。王之侯去世后，他的儿子王无彊即位。

【原文】

王无彊时，越兴师北伐齐，西伐楚，与中国争强。当楚威王[1]之时，越北伐齐，齐威王[2]使人说越王曰：「越不伐楚，大不王，小不伯。图越之所为不伐楚者，为不得晋[3]也。韩、魏固不攻楚。韩之攻楚，覆其军，杀其将，则叶、阳翟[4]危；魏亦覆其军，杀其将，则陈、上蔡[5]不安。故二晋之事越也，不至于覆军杀将，马汗之力不效。所重于得晋者何也？」越王曰：「所求于晋者，不至顿刃接兵，而况于攻城围邑乎？愿魏以聚大梁[6]之下，愿齐之试兵南阳莒地[7]，以聚常、郯[8]之境，则方城[9]之外不南，淮、泗之间不东，商、於、析、郦、宗胡[10]之地，夏路以左[11]，不足以备秦，江南、泗上[12]不足以待越矣。则齐、秦、韩、魏得志于楚也，是二晋不战而分地，不耕而获之。不此之为，而顿刃于河山之间以为齐秦用，所待者如此其失计，奈何其以此王也！」齐使者曰：「幸也越之不亡也！吾不贵其用智之如目，见豪毛而不见其睫也。今王知晋之失计，而不自知越之过，是目论也。王所待于晋者，非有马汗之力也，又非可与合军连和也，将待之以分楚众也。今楚众已分，何待于晋？」越王曰：「奈何？」曰：「楚三大夫张九军，北围曲沃[13]、於中，以至无假之关⑭者三千七百里，景翠之军北聚鲁、齐、南阳，分有大此者乎？且王之所求者，斗晋楚也；晋楚不斗，越兵不起，是知二五而不知十也。此时不攻楚，臣以是知越大不王，小不伯。复雠、庞、长沙⑮，楚之粟也；竟泽陵⑯，楚之材也。越窥兵通无假之关，此四邑者不上贡事于郢⑰矣。臣闻之，图王不王，其敝可以伯。然而不伯者，王道失也。故愿大王之转攻楚也。」

【注释】

①楚威王：战国时楚国国君，名熊商。公元前339年至前320年在位。②齐威王：战国时齐国国君，名因齐。公元前356年至前320年在位。③晋：春秋战国之际的诸侯国。公元前453年，晋国赵、韩、魏三家贵族集团瓜分晋国，晋君成为附庸。这里的「晋」和下文的「二晋」，均指韩、魏二国而言。④叶：地名，故地在今河南叶县西南。阳翟：地名，故地在今河南禹县，二地当时均在韩国境内。⑤陈：地名，指陈郡，故地在今河南淮阳一带。上蔡：地名，指上蔡郡，故地在今河南上蔡一带，二地当时在魏国境内。⑥大梁：地名，当时魏国国都，故地在今河南开封市西南。⑦南阳：地名，故地在今山东泰山以南，汶河以北一带。当时属齐。莒：地名，故地在今山东莒县。⑧常：地名，故地在今江苏邳州市一带。郯：地名，故地在今山东郯城西南。⑨方城：春秋时楚国所筑的长城，战国时又展筑，其故址自今河南方城县北西向循伏牛山脉，折南循白河、湍河间分水，至今河南邓州市北。楚恃以守卫其北境。⑩商：地名，故地在今陕西丹凤附近。於、析：均为地名，故地在今河南西峡一带。於：又叫於中。郦：地名，故地在今河南南阳市北。以上四地即所谓商於之地，在楚方城附近，临近秦国。宗胡：地名，故地在今安徽阜阳。⑪夏路以左：「夏」指中原，自楚前往中原路出方城，以西为左。⑫江南：这里指当时楚国东境。泗上：这里指当时楚国北

境。⑬曲沃：地名，故地在今河南灵宝东北。⑭无假之关：关隘名，故址在今湖南湘阴北。⑮雠：地名，故地不详。一说「雠」当作「犨」，其地在今河南平顶山市西南，似与文义不合。庞：地名，故地在今湖南衡阳市一带。长沙：地名，故地在今湖南长沙市一带。⑯竟泽陵：当为「竟陵泽」之误，湖泊名，此为当时楚国七泽之一，故地在今湖北潜江一带。⑰郢：楚国国都。故地在今湖北江陵西北。

【译文】

越王无彊在位期间，越国兴兵北向伐齐，西向伐楚，同中原各国争夺霸权。在楚威王即位的时候，越国北伐齐国，齐威王派人劝说越王：「越国如果不讨伐楚国，往大了说，不能为王，往小了说，不能称伯。猜度越国之所以不讨伐楚国成的原因，是因为没有取得同晋的结盟。韩、魏本来就不打算进攻楚国。韩国如果攻楚，就会损兵折将，而且叶与阳翟两地就危险了。魏国如果攻楚，也会损兵折将，那么陈与上蔡就不稳定了。所以说，即便是二晋追随越国，也达不到去为越国攻楚而损兵折将的程度，不会效汗马之劳。那么，越国如此看重同晋的盟约是为什么呢？」越王说：「要求晋与我们结盟，并不是让他们去交兵作战，更谈不上攻城围邑了。只希望魏国把兵驻扎于大梁城下，希望齐国出兵在南阳莒地一带演习，并屯兵于常、郯二地的边境。这样威慑的结果，将使楚国方城之将不敢南下伐越，淮泗之间的楚兵不敢向东伐齐，对越国形成威胁。楚国的商、於、析、郦、宗胡等地以及夏路以西，就不足以抵御秦国，江南、泗上就不足以对抗越国了。齐、秦、韩、魏等国从楚分得利益，这就使二晋不经攻战而分得土地，不加耕耘而有收获。但魏、韩两国不做这些事，却在黄河、华山一带征战，来为齐秦两国所利用，我们所寄希望的人竟如此失策，想以此来称王称霸又怎么谈得到呢？」齐国的使者说：「越国没有灭亡真是万幸呀！我不认为那种像转动眼珠一样运用智慧，能看得见毫毛却看不见睫毛是值得看重的。现在大王知道晋的失策所在，对越国的失误却没有察觉。这就是刚才我用眼睛所做的比喻。大王所期待晋的，既不是让他们效汗马之劳，又不是与越国军队结成同盟，只是希望他们来分散牵制楚国的兵力。现在楚国的兵力已经分散了，还有什么期待于晋的呢？』越王问道：『为什么这样说？』回答说：『楚国屈、景、昭三姓大夫布置九军，北围曲沃、於中，一直到无假之关，共有三千七百里；景翠大夫的军队屯集在北面鲁、齐、南阳等处，兵力分散还有比这更大的吗？况且大王所冀求的是使晋楚相斗，晋楚如果不互相征伐，越国就不起兵，这是只知二五，而不知一十。这样好的时机不进攻楚国，我由此知道越国是大不足以称王，小不足以称伯的。再说，雠、庞、长沙等地是楚国的粮食产地，竟陵泽一带是楚国的木材产地，越国如果寻找机会用兵打通无假之关，那么这四邑就不能向楚国郢都进贡粮草物资了。我听说图谋称王而没达到，至少也可以称伯。然而不能称伯的原因，是由于策略上的失误。因此希望大王调转兵锋，进攻楚国。』

【原文】

于是越遂释齐而伐楚。楚威王兴兵而伐之，大败越，杀王无彊，尽取故吴地至浙江，北破齐于徐州。而越以此散，诸族子争立，或为王，或为君，滨于江南海上，服朝于楚。

后七世，至闽君摇[1]，佐诸侯平秦。汉高帝复以摇为越王，以奉越后。东越，闽君，皆其后也。

【注释】

①闽君摇：残存于秦汉之际的越国君主，事详《汉书》卷九五《西南夷两粤朝鲜传》。

【译文】

于是，越国便放弃进攻齐国，转而征伐楚国。楚威王兴兵反攻越国，把越军打得大败，杀死了越王无彊，全部夺得了吴国旧地，一直达到浙江，北面在徐州击败齐国军队，而越国从此也散亡了。许多王室子孙争抢继位，有的称王，有的称君，在靠近长江以南的海滨居住，臣服朝拜于楚国。

以后过了七代，到了闽君摇，协助诸侯灭秦，汉高祖又把摇封为越王，来延续越国的后代。东越、闽君，都是他的后裔。

【原文】

范蠡事越王勾践，既苦身戮力，与勾践深谋二十余年，竟灭吴，报会稽之耻，北渡兵于淮以临齐、晋，号令中国，以尊周室，勾践以霸，而范蠡称上将军。还反国，范蠡以为大名之下，难以久居，且勾践为人可与同患，难与处安，为书辞勾践曰：『臣闻主忧臣劳，主辱臣死。昔者君王辱于会稽，所以不死，为此事也。今既以雪耻，臣请从会稽之诛。』勾践曰：『孤将与子分国而有之。不然，将加诛于子。』范蠡曰：『君行令，臣行意。』乃装其轻宝珠玉，自与其私徒属乘舟浮海以行，终不反。于是勾践表会稽山以为范蠡奉邑。

范蠡浮海出齐，变姓名，自谓鸱夷子皮，耕于海畔，苦身戮力，父子治产。居无几何，致产数十万。齐人闻其贤，以为相。范蠡喟然叹曰：『居家则致千金，居官则至卿相，此布衣之极也。久受尊名，不祥。』乃归相印，尽散其财，以分与知友乡党，而怀其重宝，间行以去，止于陶①，以为此天下之中，交易有无之路通，为生可以致富矣。于是自谓陶朱公。复约要父子耕畜，废居，候时转物，逐什一之利。居无何，则致赀累巨万。天下称陶朱公。

【注释】

①陶：地名，故地在今山东定陶县西北。

【译文】

范蠡为越王勾践服务，苦身励志，竭尽全力，与勾践共同深筹远谋了二十余年，终于灭掉了吴国，报了会稽之耻。然后挥师北渡淮水，兵临齐、晋，在中原发号施令，来尊崇周王室，勾践由此称霸中原，而范蠡也被称作上将军。返回越国之后，范蠡认为负有过大的名声，难以同勾践长期相处。况且勾践的为人，是可以与他共患难，难以同他共安乐的。因此，向勾践写信告辞说：『我听说主上忧虑，臣子应当替主上承担；主上被侮辱，臣下应当替主上去死。过去大王在会稽受辱，我之所以不死的原因，就是为了有今天。现在既然已经雪耻，我请求让我为大王曾受侮辱而死。』勾践说：『我将同你分割国土，每人都有一份。你不同意这样做的话，我就杀了你。』范蠡说：『君王发布命令，臣下按照君王的旨意行事。』于是就装上他的细软珠宝，独自同他手下的人一起乘船渡海走了，始终没有返回。于是勾践降诏分封会稽山作为供奉范蠡的城邑。

范蠡渡海来到齐国，改变了姓名，自称叫鸱夷子皮，在海滨耕耘，亲自尽力劳作，父子整治家产。过了不久，就达到了数十万的家业。齐国人听说了他的贤明名声，就推他为丞相。范蠡喟然感叹道：『居家治产就获得千金，做官就达到了卿相，这是一个老百姓的顶点了。长期享有尊崇的名声，这是不祥之兆。』于是就归还了相印，把他的财产都分散出去，分送给知己的朋友和邻里乡亲，然后带着贵重的东西，悄悄地离去了，定居在陶地。范蠡认为这个地方是天下的中心，经商贸易的途径多，在这里谋生可以致富。于是自称陶朱公，再次苦身励志，父子同耕垄亩，牧养牲畜。把卖价低的东西先贮存起来，等到市场缺乏时卖出去，来争取获得十分之一的余利。过了没多久，就获得了亿万资产。天下人都称道陶朱公。

【原文】

朱公居陶，生少子。少子及壮，而朱公中男杀人，囚于楚。朱公曰：『杀人而死，职也。然吾闻千金之子不死于市。』告其少子往视之。乃装黄金千溢①，置褐器中，载以一牛车。且遣其少子，朱公长男固请欲行，朱公不听。长男曰：『家有长子曰家督，今弟有罪，大人不遣，乃遗少弟，是吾不肖。』欲自杀。其母为言曰：『今遣少子，未必能生中子也，而先空亡长男，奈何？』朱公不得已而遣长子，为一封书遗②故所善庄生。曰：『至则进千金于庄生所，听其所为，慎无与争事。』长男既行，亦自私赍③数百金。

【注释】

①黄金：古代作为金钱使用的黄金往往是黄铜。溢：通『镒』，古代重量单位。二十两为一镒，一说二十四两为一镒。

②遗：赠予。③赍：携带。

【译文】

朱公住在陶地的时候，生了小儿子。当小儿子长大的时候，朱公的二儿子因杀人被囚禁在楚国。朱公说：『杀人偿命，理当如此。但我听说家有千金的孩子，可以不在大庭广众的市场上被处死。』便告诉他的小儿子前去探视。并拿不显眼的粗糙器具装了千镒黄金，用一辆牛车拉着。准备打发他的小儿子。去的时候，朱公的大儿子非要去不可。朱公不让，大儿子说：『家中长子可以称得上是管家，现在弟弟获罪，大人不派兄长去，而让小弟弟去，这是因为我不好呀！』

于是就要自杀。他的母亲发话了：『现在让小儿子去，也不见得就能救活二儿子，但却白白地叫大儿子丧了命，如何是好？』朱公没办法，只好让大儿子去了，并写了一封信让他带给旧日的朋友庄生，嘱咐道：『到了那里就把这一千金交给庄生，他要怎么办就怎么办，千万小心不要同他争辩！』大儿子上了路，还私下带了几百镒金。

【原文】

至楚，庄生家负郭，披藜藋[1]到门，居甚贫。然长男发书进千金，如其父言。庄生曰：『可疾去矣，慎毋留！即弟出，勿问所以然。』长男既去，不过庄生而私留，以其私赍献遗楚国贵人用事者。

【注释】

①藋：一种野草。

【译文】

到了楚国，见到庄生家的房子靠近城墙，需要拨开荒草才能走到门口，生活很贫困。大儿子按照他父亲所说的拿出信件，把千金交给庄生，庄生说：『你快走吧，切勿逗留；即使你弟弟被释放了，也不要问是为什么。』大儿子离开后，没再拜访庄生，却私自逗留在楚国。用他私下带来的那部分钱来贿赂楚国当权的贵族。

【原文】

庄生虽居穷阎，然以廉直闻于国，自楚王以下皆师尊之。及朱公进金，非有意受也，欲以成事后复归之以为信耳。故金至，谓其妇曰：『此朱公之金。有如病不宿诫，后复归，勿动。』而朱公长男不知其意，以为殊无短长也。

庄生间时入见楚王，言『某星宿某，此则害于楚』。楚王素信庄生，曰：『今为奈何？』庄生曰：『独以德为可以除之。」楚王曰：「生休矣，寡人将行之。」王乃使使者封三钱之府。楚贵人惊告朱公长男曰：「王且赦。」曰：「何以也？」曰：「每王且赦，常封三钱之府①。昨暮王使使封之。」朱公长男以为赦，弟固当出也，重千金虚弃庄生，无所为也，乃复见庄生。庄生惊曰：「若不去邪？」长男曰：「固未也。初为事弟，弟今议自赦，故辞生去。」庄生知其意欲复得其金，曰：「若自入室取金。」长男即自入室取金持去，独自欢幸。

【注释】

①三钱之府：古代钱库。

【译文】

庄生尽管住在穷巷，但以廉洁正直闻名国内，从楚王以下都把他尊奉为老师。当朱公给他送钱的时候，他并没有意接受，打算事成之后再还给朱公，表明信誉。所以收到钱的时候，对他的妻子说：「这是朱公的钱，就像有病不能预测什么时候好一样，以后说不上什么时候要奉还给他，请不要动用。」但朱公的大儿子不知道庄生的意图，认为把钱交给庄生没什么用。

庄生寻机入宫拜见楚王，说某个星宿出现在某个位置上，这对楚国有害。楚王向来相信庄生的话，就问：「现在对它怎么办？」庄生说：「只有用恩德才能消除灾难。」楚王说：「庄生放心吧，我将行德政。」楚王便派使者密封了贮存各种钱币的府库。楚国的那个当权的贵族惊喜地告诉朱公的长子说：「楚王将要进行赦免了。」问道：「从何说起呢？」回答说：「每次楚王临行赦免以前，总要密封金库，以免有人乘机抢劫。昨天傍晚楚王派人去密封金库了。」朱公长子认为既然赦免，弟弟自然会被释放，而那么多的钱白白扔到庄生那里了，没起什么作用。就又去见庄生，庄生惊讶地问：『你没有走呀？』朱公长子说：『本来就没走，开始是为了照顾弟弟，弟弟现在人们都说要被自行赦免，所以来向先生辞行。』庄生明白他的用意是想再要回那笔钱，就说：『你自己进屋里把钱拿走。』朱公长子就自己进握把钱拿走了，并且一个人暗自得意。

【原文】

庄生羞为儿子所卖，乃入见楚王曰：『臣前言某星事，王言欲以修德报之。今臣出，道路皆言陶之富人朱公之子杀人囚楚，其家多持金钱赂王左右，故王非能恤楚国而赦，乃以朱公子故也。』楚王大怒曰：『寡人虽不德耳，奈何以朱公之子故而施惠乎！』令论杀朱公子，明日遂下赦令。朱公长男竟持其弟丧归。

至，其母及邑人尽哀之，唯朱公独笑，曰：『吾固知必杀其弟也！彼非不爱其弟，顾有所不能忍者也。是少与我俱，见苦，为生难，故重弃财。至如少弟者，生而见我富，乘坚驱良逐狡兔，岂知财所从来，故轻弃之，非所惜吝。前日吾所为欲遣少子，固为其能弃财故也。而长者不能，故卒以杀其弟，事之理也，无足悲者。吾日夜固以望其丧之来也。』

故范蠡三徙①，成名于天下，非苟去而已，所止必成名。卒老死于陶，故世传曰陶朱公。

【注释】

①范蠡三徙：指范蠡由楚入越，佐勾践称霸；离越赴齐；由齐至陶定居。徙，迁移。

【译文】

庄生对被后生小子愚弄很羞恼，便进宫拜见楚王说：『我上次说了某星宿不祥一事，大王说要行德政来改变它，现在我在外面走，路上纷纷议论陶地富翁朱公的儿子因杀人被监禁在楚国，而他家里多次拿钱来贿赂大王手下的大臣，因此认为大王不是为了挽救楚国才大赦的，而是因为朱公儿子的缘故。』楚王大怒，说道：『我虽然无德，但怎么会单单因为朱公儿子的缘故而施恩呢？』就下令杀了朱公的儿子，第二天便发布了大赦令。朱公长子最后是带着弟弟的丧讯而归。

回家后，他母亲和乡里人都很悲伤。唯独朱公笑着说：『我本来就知道他一定是会使他弟弟丧命的。他并不是不爱他的弟弟，只是因为有不忍割舍的东西。这是因为他从小就同我一起受苦，为生计所窘迫，所以把破财看得很重。至于他的小弟弟，一生下来就处于我富裕的时候，乘着坚固的车子，驾驭良马，追逐狡兔，哪知道钱是从哪来的，所以会轻易舍弃，一点也不吝惜。最初我之所以想派小儿子去，就是因为他能轻易舍财的缘故。而长子却做不到这一点，致使最终使弟弟丧了命。事情必然会发展到这一步，没有什么可悲伤的，我白天晚上本来就是在等待着这个丧讯的到来呢！』

所以说，范蠡三次迁徙，在天下成了名，并非仅仅是避名离开而已，所到一处，又一定会在那里成名。最后在陶地老死，所以世人相传叫他陶朱公。

【原文】

太史公曰：禹之功大矣，渐九川①，定九州②，至于今诸夏艾安。及苗裔勾践，苦身焦思，终灭强吴，北观兵中国，以尊周室，号称霸王。勾践可不谓贤哉！盖有禹之遗烈焉。范蠡三迁皆有荣名，名垂后世。臣主若此，欲毋显得乎！

【注释】

①九川：九条大河。有人说九川指弱、黑、河、瀁、江、沇、淮、渭、洛。②九州：古代中国设置的九个州。

通常指冀、豫、雍、扬、兖、徐、梁、青、荆。

【译文】

太史公说：禹的功绩很大呀，疏导九川，安定九州，直到今天中原太平无事。到了他的后代勾践，苦身励志，终于消灭了强大的吴国，北上陈兵中原，来尊崇周王室，被称为霸主，勾践能说不贤明吗？大概在他身上还存有禹的遗风余烈吧！范蠡三迁都获得了荣耀的声名，名垂后世。臣子君主如果像他们这样，即便自己不想显赫，难道可能吗？

陈涉世家

【原文】

陈胜者，阳城①人也，字涉。吴广者，阳夏②人也，字叔。陈涉少时，尝与人佣耕③，辍耕之垄上④，怅⑤恨久之，曰：「苟⑥富贵，无⑦相忘。」庸者笑而应曰：「若为庸耕⑧，何富贵也？」陈涉太息⑨曰：「嗟⑩乎，燕雀安知鸿鹄⑪之志哉！」⑫

【注释】

①阳城：县名，治所在今河南登封市东南告成镇。②阳夏：县名，治所在今河南太康县。③尝：曾，曾经。佣：雇佣，出钱叫人为自己做事。也可指受人钱而为别人干活。④辍：停止。之：往，到。垄：田垄，田埂。⑤怅：失意，懊恼。⑥苟：如果，假若。⑦无：通「毋」，勿，不要。⑧若：你。庸：通「佣」。⑨太息：大声叹气。⑩嗟：感叹声。⑪安：哪里。鸿：大雁。鹄：天鹅。

【译文】

陈胜是阳城人，字涉。吴广是阳夏人，字叔。陈涉年轻的时候，曾和别人受雇耕田，有一次他停止耕作走到田埂上，惆怅恼恨了很久，说：『如果有朝一日富贵了，大家互相不要忘记。』一起受雇耕田的人笑着回答说：『你被人雇来耕田，怎么富贵呢？』陈涉长叹道：『唉，燕子麻雀哪里懂得大雁天鹅的志向呢！』

【原文】

二世元年[1]七月，发闾左[2]，适戍渔阳[3]，九百人屯大泽乡[4]。陈胜、吴广皆次[5]当行，为屯长[6]。会[7]天大雨，道不通，度已失期[8]。失期，法皆斩。陈胜、吴广乃谋曰：『今亡[9]亦死，举大计[10]亦死，等[11]死，死国[12]可乎！』陈胜曰：『天下苦[13]秦久矣。吾闻二世少子也，不当立，当立者乃公子扶苏[14]。扶苏以数[15]谏故，上使外将[16]兵。今或[17]闻无罪，二世杀之。百姓多闻其贤，未知其死也。项燕[18]为楚将，数有功，爱士卒，楚人怜[19]之。或以为死，或以为亡。今诚以吾众诈[20]自称公子扶苏、项燕，为天下唱[21]，宜多应者。』吴广以为然。乃行卜[22]。卜者知其指意[23]，曰：『足下事皆成，有功。然足下卜之鬼乎[24]！』陈胜、吴广喜，念[25]鬼，曰：『此教我先威众耳。』乃丹书帛曰『陈胜王』[26]，置人所罾[27]鱼腹中。卒买鱼烹食，得鱼腹中书，固以[28]怪之矣。又间令吴广之次所旁丛祠[29]中，夜篝火[30]，狐鸣呼曰『大楚兴，陈胜王』。卒皆夜惊恐。旦日[31]，卒中往往[32]语，皆指目陈胜。

【注释】

①二世：指秦二世。元年：即公元前209年。②发：征发。闾：里巷的大门，也用以指代里巷。闾左：里巷左边。此指居住在里巷左边的平民。或谓秦人尚右，因此富人居闾右，穷人居闾左。③适：通『谪』，因罪而被谴罚。戍：戍守，

守卫。渔阳秦郡名，治所渔阳（在今北京市密云县西南），辖境相当于今河北围场以南，蓟运河以西，天津市以北，北京市怀柔、通州区以东地区。时为秦北方边郡之一。④屯：聚集，屯驻。大泽乡：时属泗水郡蕲县，在今安徽省宿县南蕲县集西的小刘村。⑤次：次第，次序。⑥屯：戍卒编制单位，五人为一屯。或谓五十人为一屯。屯长：一屯之长。⑦会：当，逢。⑧度：忖度，估计。失期：误期，超过规定期限。⑨亡：逃亡，逃跑。⑩举：举行，实行。大计：大事，指起义。⑪等：同，同样。⑫死国：死于国事。此指为反秦复兴楚国而死。⑬苦：痛苦。此用为动词，意谓遭受苦难。⑭公子扶苏：秦始皇长子。⑮数：多次，屡次。⑯将：率领，统领。⑰或：有，有人。⑱项燕：楚国将领，项羽祖父，公元前223年在与秦作战中，兵败身死。⑲怜：哀怜，同情。⑳诚：果真，如果。诈：假装，冒充。㉑唱：通『倡』，倡导，号召。㉒卜：占卜，使用迷信方法预测吉凶。㉓指：通『旨』。指意：旨意，意图。㉔足下：对人的敬称。鬼：鬼神。㉕念：思念，考虑。㉖丹：朱砂。书：写。王：用作动词，为王。㉗罾：一种捕鱼工具，俗称『板罾』。此用作动词，用罾捕获。㉘固：本来，原来。以：通『已』，已经。㉙间：暗中。令：使，让。次：止，停留。次所：住所。丛：丛生的树木。古时民间有以丛生树木作为社神来祭祀的习俗。丛祠：丛社神祠。㉚篝：竹笼。篝火：用竹笼罩着的火。㉛旦日：明日。㉜往往：处处，纷纷。㉝指目：手指目视。

【译文】

秦二世元年（公元前209年）七月，征发居住在里巷左边的平民，派遣其中有罪的去渔阳郡戍边，有九百人驻扎在大泽乡。陈胜、吴广都依次编入队伍，担任屯长。碰到天下大雨，道路不通，估计已经误期。超过规定期限，依法都要斩首。陈胜、吴广于是密谋：『如今逃亡是死，举行起义也是死，同样是死，为楚国而死该可以吧！』陈胜说：『天下遭受秦朝的痛苦很久了。我听说秦二世是小儿子，不应当即位，应当即位的是公子扶苏。扶苏因为多次直言进谏的缘故，皇上派他在外领兵。如今有人听说扶苏没有任何罪过，秦二世杀了他。百姓中很多人听说他的贤明，但不知道他的死。项燕担任楚国将军，屡立战功，爱护士兵，楚地人怜惜他。有的以为他死了，有的以为他跑了。今天如果用我们这些人假冒自称是公子扶苏、项燕部下，为天下带头起义，就应该有许多响应的人。』吴广认为是这样。于是举行占卜。占卜的人知道他们的意思，说：『你们的事都能成，会建功立业。然而你们向鬼神占卜了吗？』陈胜、吴广很高兴，就考虑利用鬼神的事，说：『这是教我们先在众人中树立威信罢了。』于是用朱砂在绢帛上书写『陈胜王』，放入别人所打鱼的肚子里。士卒买来那条鱼准备烹煮吃，得到鱼肚子里的帛书，这原已使人很奇怪了。陈胜又让吴广到驻地旁的丛社神祠中，夜里点起篝火，学着狐狸的声音叫道『大楚兴，陈胜王』。士卒一夜都惊恐不安。第二天，士卒中间纷纷谈论，都指点注视陈胜。

【原文】

吴广素[1]爱人，士卒多为用者[2]。将尉[3]醉，广故数言欲亡，忿恚尉[4]，令辱之，以激怒其众。尉果笞广。尉剑挺[6]，广起，夺而杀尉。陈胜佐之，并杀两尉。召令徒属[7]曰：『公[8]等遇雨，皆已失期，失期当斩。藉弟令毋[9]斩，而戍死者固十六七[10]。且壮士不死即[11]已，死即举大名耳，王侯将相宁有种[12]乎！』徒属皆曰：『敬受命。』乃诈称公子扶苏、项燕，从民欲也。袒右[13]，称大楚。为坛而盟[14]，祭以尉首。陈胜自立为将军，吴广为都尉。攻大泽乡，收而攻蕲[15]。蕲下[16]，乃令符离人葛婴将兵徇[17]蕲以东。攻铚[18]、酂[19]、苦[20]、柘[21]、谯[22]皆下之。行收兵[23]。比至陈[24]，车六七百乘[25]，骑[26]千余，卒[27]数万人。攻陈，陈守令[28]皆不在，独守丞与战谯门[29]中。弗胜，守丞死，乃入据陈。数日，号令召三老㉚、豪杰与皆来会计事㉛。三老、豪杰皆曰：『将军身被坚执锐㉜，伐无道，诛暴秦，复立楚国之社稷，功宜为王。』陈涉乃立为王，号为张楚㉝。

【注释】

①素：平素，一向。②为用者：为吴广所用的，指听从吴广指使的人。③尉：武官名。将尉：统领戍卒的武官。④恚：愤怒。忿恚尉：使将尉愤怒，即激怒将尉。⑤笞：用竹条、木板或皮鞭抽打。⑥挺：拔，举。⑦徒属：部属，部下。⑧公：尊称。公等：您等。你们的敬称。⑨藉：通『借』，假使。弟：通『第』，但，只。令：下令。毋：勿，不。⑩固：必，必然。十六七：指十分之六七。⑪即：通『则』。下句『即』字同。⑫宁：岂，难道。种：种类，族类。⑬袒右：袒露右臂。以此作为起义的识别标志。⑭坛：土筑的高台。盟：立誓缔约。⑮蕲：县名，治所在今安徽省宿县东北。⑯下：攻下，攻克。⑰符离：县名，治所在今安徽省宿县东北。徇：收取，攻取。⑱铚：县名，治所在今安徽省宿县西南。⑲酂：县名，治所在今河南永城市西，酂县乡。⑳苦：县名，治所在今河南鹿邑县东。㉑柘：县名，治所在今河南柘城县西北。㉒谯：县名，治所在今安徽亳县。㉓行收兵：指行进途中招收兵马。㉔比：及，到。陈：县名，为陈郡郡治，治所在今河南淮阳县。㉕车：兵车，战车。乘：古时以一车四马为一乘。㉖骑：骑兵。古时以一人一马为一骑。㉗卒：步卒，步兵。㉘陈守令：指陈郡郡守和陈县县令。陈郡郡治在陈县，故既有郡守又有县令。郡守为一郡之长，县令为一县之长。㉙守丞：即郡丞，郡守的副手。郡守不在，代行其职。谯：谯楼，筑在城门上的瞭望楼。谯门：谯楼下的城门。㉚三老：掌管教化的乡官。通常由所谓有德行的老人担任。㉛豪杰：地方上有名望权势的人。会：会集，聚会。计：计议，谋划。㉜身：亲身，亲自。被：通『披』。被坚执锐：身披坚固的铠甲，

手持锐利的武器。此指全副武装参加战斗。㉝张楚：意为张大楚国。

【译文】

吴广平素爱护他人，因此士卒中有许多人愿意为他效力。将尉喝醉了酒，吴广故意多次说想逃跑，以此激怒将尉，让他来侮辱自己，借以激起众人愤怒。将尉果然鞭打吴广。将尉拔剑出鞘，吴广起身，夺过佩剑杀死将尉。陈胜帮助他，一起杀死两名将尉。然后召集号令部下说：『诸公遇上大雨，都已错过期限，错过期限应当斩首。即使仅仅下令不斩首，然而戍边死亡的人也必定会占到十分之六七。况且大丈夫不死则已，死就要立下大名，王侯将相难道是天生的种吗！』部属都说：『坚决服从命令。』于是假冒公子扶苏、项燕的名义，顺从民众的欲望。大家袒露右臂，号称大楚。筑起高台宣誓立约，用将尉的首级进行祭祀。陈胜自己立为将军，封吴广为都尉。进攻大泽乡，取得后又进攻蕲县。蕲县攻下后，陈胜便命令符离人葛婴领兵收取蕲县以东之地。进攻铚县、酂县、苦县、柘县、谯县，全部攻克。一路招集兵马。等到达陈县，已有兵车六七百辆，骑兵一千余，士卒几万人。进攻陈县，陈郡的郡守、县令都不在，只有郡丞独自在谯楼下城门中作战。秦兵没有获胜，郡丞战死，于是入城占据陈县。过了几天，陈涉发出号令召集当地三老、豪杰一起都来集会商议事情。当地三老、豪杰都说：『将军亲自身披铠甲手持利剑，讨伐无道，诛灭暴秦，重建楚国的江山，论功应该称王。』陈涉于是立为王，国号叫张楚。

【原文】

当此时，诸郡县苦秦吏者，皆刑其长吏①，杀之以应陈涉。乃以吴叔为假王②，监诸将以西击荥阳③。令陈人武臣④、张耳⑤、陈余⑥徇赵地，令汝阴人邓宗徇九江郡⑦。当此时，楚兵数千人为聚者，不可胜数。

【注释】

①刑：杀，杀戮。长吏：长官。此指郡守尉、县令丞等各级长官。②吴叔：即吴广，吴广字叔。古人称字，表示尊敬。假王：临时设置的王。③监：监督，监领。荥阳：县名，治所在今河南荥阳东北。④武臣：号武信君。以将军身份领兵到邯郸后，自立为赵王。翌年（公元前208年）被部将李良所杀。详见本书《张耳陈余列传》。⑤张耳：大梁（今河南开封）人，初为魏信陵君客，任魏外黄（今河南民权西北）县令。魏灭后，遭秦通缉，更姓换名，逃亡陈县充任里监门。陈胜队伍入陈，即参加义军。此时被委为校尉，随武臣攻取赵地。武臣为赵王，委为右丞相。项羽立诸侯时，被封为常山王。后投汉，被封为赵王。公元前202年卒，谥为景王。详见本书《张耳陈余列传》。⑥陈余：张耳同乡，年轻时父事张耳，结为刎颈之交。魏灭后，遭秦通缉，与张耳一起逃亡到陈充任里监门。后随张耳参加陈胜队伍。此时受遣，任校尉。武臣为赵王，委为大将军。武臣死，拥立赵歇为赵王，被赵歇封为代王。与张耳结怨成仇。公元前204年，被张耳、韩信军击杀。详见本书《张耳陈余列传》。⑦汝阴：县名，治所在今安徽阜阳。邓宗：陈胜部将，本书仅此一见。九江郡：郡治在寿春（今安徽寿县），辖境约当今安徽、河南淮河以南，湖北黄冈以东和江西全省。

【译文】

当这个时候，各郡县深受秦朝官吏之苦的人，都起来惩处当地的长官，杀死他们来响应陈涉。陈涉于是任命吴叔为假王，监领众将向西进击荥阳。又命令陈人武臣、张耳、陈余收取赵地，命令汝阴人邓宗收取九江郡。当这个时候，楚地士兵几千人聚集起义的，多得无法计算。

【原文】

葛婴至东城[1]，立襄彊[2]为楚王。婴后闻陈王已立，因杀襄彊，还报。至陈，陈王诛杀葛婴。陈王令魏人周市北徇魏[3]地。吴广围荥阳。李由为三川[4]守，守荥阳，吴叔弗能下。陈王征[5]国之豪杰与计，以上蔡人房君蔡赐为上柱国[6]。

【注释】

①东城：县名，治所在今安徽定远东南。②襄彊：据本书《秦汉之际月表》，襄彊于当年八月被立为楚王，九月即被杀。③魏：国名，战国七雄之一。周市：他到魏地后，拥立魏咎为王，自己为相。公元前208年被秦将章邯击杀。④李由：李斯的长子。公元前208年被项羽军队斩杀。三川：郡名，郡治雒阳（在今河南洛阳东北），辖境相当于今河南黄河以南，灵宝以东的伊水、洛水流域及北汝河上游地区。以境内有黄河、洛水、伊水三川而得名。⑤征：征召，征集。⑥上蔡：县名，治所在今河南上蔡西南。房君：蔡赐的封号。上柱国：也省称作『柱国』，本书《张耳陈余列传》作『相国』。其职掌同丞相，其名沿用楚制。

【译文】

葛婴到达东城，拥立襄彊为楚王。葛婴后来听说陈王已经即位，就杀死襄彊，返回来禀报。他到达陈县，陈王诛杀葛婴。陈王命令魏人周市向北收取魏地。吴广领兵围困荥阳。李由任三川郡守，坚守荥阳，吴叔没能攻下。陈王征召国中的豪杰一起来商议，任命上蔡人房君蔡赐为上柱国。

【原文】

周文[1]，陈之贤人也，尝为项燕军视日[2]，事[3]春申君，自言习兵，陈王与之将军印，西击秦。行收兵至关[4]，车千乘，卒数十万，至戏⑤，军焉⑥。秦令少府章邯免郦山徒⑦、人奴产子生⑧，悉发以击楚大军⑨，尽败之。周文败，走出关，止次曹阳⑩二三月。章邯追败之，复走次渑池⑪十余日。章邯击，大破之。周文自刭⑫，军遂不战。

【注释】

①周文：即周章，『文』为其字。②视日：占卜时日吉凶的官。③事：事奉，供事。④关：函谷关，在今河南灵宝东北。是为关中门户，兵家必争之地。⑤戏：水名，在今陕西临潼东，发源于骊山，北流注入渭河。⑥军：驻军，驻扎。焉：于此，在这里。⑦少府：秦官名，九卿之一，掌管山海湖泽和皇室手工业，以其收入供皇帝私人消费。章邯：秦末著名将领，后投降项羽，受封为雍王。公元前205年，被刘邦军队战败而自杀。免：赦免。郦山：即骊山，在今陕西临潼东南。当时秦二世在此改建阿房宫，集中大量刑徒。徒：刑徒，被罚劳作的犯人。⑧人奴产子生：此衍『生』字，按《汉书·陈涉传》无『生』字。指奴隶生的儿子。⑨悉：尽，全部。楚大军：指周文所率的几十万军队。⑩曹阳：亭名，在今河南灵宝东北。⑪走：跑，逃跑。渑池：邑名，在今河南渑池西。⑫刭：用刀割颈。

【译文】

周文是陈县的贤人，曾经当过项燕军中占卜时日吉凶的官，事奉过春申君，自称熟习军事，陈王授予他将军印，向西攻击秦军。一路上收集兵马，到达函谷关，有战车一千辆，士卒几十万，来到戏水岸边，安营扎寨。秦廷命令少府章邯赦免骊山的刑徒、奴隶生的儿子，全部征发来攻击张楚大军，将几十万楚军统统打败。周文兵败，逃跑闯出函谷关，停留驻扎在曹阳亭约二三个月。章邯领兵追赶击败周文，楚军又逃跑驻扎在渑池十几天。章邯进击，大败楚军。周文拔剑自杀，楚军就不再战斗。

【原文】

武臣到邯郸①，自立为赵王，陈余为大将军，张耳、召骚②为左右丞相。陈王怒，捕系武臣等家室③，欲诛之。柱国④曰：“秦未亡而诛赵王将相家属，此生一秦也。不如因而立之。”陈王乃遣使者贺赵，而徙⑤系武臣等家属宫中，而封耳子张敖⑥为成都君，趣赵兵亟入关⑦。赵王将相相与⑧谋曰：“王王赵⑨，非楚⑩意也。楚已诛秦，必加兵于赵。计莫如毋西兵⑪，使使⑫北徇燕地以自广也。赵南据大河⑬，北有燕、代⑭，楚虽⑮胜秦，不敢制⑯赵。若楚不胜秦，必重⑰赵。赵乘秦之弊⑱，可以得志于天下。”赵王以为然⑲，因不西兵，而遣故上谷卒史韩广将兵北徇燕地⑳。

【注释】

①邯郸：县名，治所在今河北邯郸市。为邯郸郡郡治。邯郸郡辖境相当于今河北泜河以南，滏阳河上游和河南内黄、浚县，山东馆陶、冠县西部地区。②召骚：陈胜部将，以护军身份随武臣出行攻取赵地。武臣自立为王，委任左丞相，后与武臣一起被李良击杀。③捕系：逮捕关押。家室：家属。④柱国：即上柱国房君蔡赐。⑤徙：迁徙，迁移。⑥张敖：其父死，继立为王，娶汉高祖长女鲁元公主为妻，后封为宣平侯，公元前186年去世。谥鲁元王，或谓谥武。亦称宣平武侯。⑦趣：通“促”，催促。亟：急，迅速。关：指函谷关。⑧相与：相互，共同，一起。⑨王王赵：第一个“王”指赵王武臣；第二个“王”，作动词，为王；赵：指赵地。此句意谓大王在赵地为王。⑩楚：指楚王陈胜。⑪莫：不。毋：勿，不要。西：向西，往西。兵：进兵，用兵。⑫使使：第一个“使”字是动词，意为派遣；第二个“使”字是名词，意为使者。“使使”即派遣使者之意。⑬据：据倚，依靠。大河：黄河。⑭代：郡名，郡治代县（在今河北蔚县西南），辖境约当今山西东北部和河北西北部地区。⑮虽：纵然，即使。⑯制：控制。⑰重：重视，

尊重。⑱弊：败，衰败。⑲然：是，这样，指符合实情。⑳故：原来。上谷：郡名，郡治沮阳（在今河北怀来县东南），辖境约当今河北张家口、小五台山以东，赤城、北京市延庆以西及内长城和昌平以北地区。卒史：郡守属吏。韩广：到燕地后旋即自立为王。公元前206年项羽分封诸侯时，改封为辽东王，因不从命而被新封燕王臧荼攻杀。

【译文】

武臣到达邯郸，自己立为赵王，陈余任大将军，张耳、召骚任左、右丞相。陈王发怒，逮捕关押武臣等人的家属，打算诛杀他们。上柱国蔡赐说：『秦朝没有灭亡而诛杀赵王及其将相的家属，这是在制造又一个为敌的秦国。不如因此而封立他为王。』陈王于是派遣使者前往赵地祝贺，同时将关押的武臣等人的家属迁移到宫中，还封张耳儿子张敖为成都君，催促赵兵立即进入函谷关。赵王的将相一同谋议说：『大王在赵地为王，并非楚王的本意。楚王诛灭秦朝后，必定进攻赵国。眼下之计不如不向西进兵，派使者北上收取燕地来扩展自己。赵国南面依仗黄河，北面占有燕、代之地，楚王即使战胜秦国，也不敢欺压赵国。倘若楚王不能战胜秦国，必定会器重赵国。赵国利用秦国的衰败，便可以取得天下。』赵王认为是这样，因而不向西进兵，而派遣原上谷郡卒史韩广领兵北上收取燕地。

【原文】

燕故贵人①豪杰谓韩广曰：『楚已立王，赵又已立王。燕虽小，亦万乘之国②也，愿将军立为燕王。』韩广曰：『广母在赵，不可。』燕人曰：『赵方③西忧秦，南忧楚，其力不能禁我。且以④楚之强，不敢害赵王将相之家，赵独⑤安敢害将军之家！』韩广以为然，乃自立为燕王。居数月⑥，赵奉⑦燕王母及家属归之燕。

【注释】

①贵人：权贵，指公卿大夫。"谓"，告诉，对……说。②万乘之国：拥有一万辆战车的国家。战国时代，常以此指称大国、强国。③方：正当，正在。④以：凭借，依仗。⑤独：唯独，单单。"安"，如何，怎么。⑥居数月：过几个月，即几个月后。⑦奉：送。"之"，代词，指"燕王母及家属"。

【译文】

燕国原来的权贵豪杰对韩广说："楚国已经立了王，赵国也已经立了王。燕国尽管小，但也是曾拥有万辆战车的国家，希望将军立为燕王。"韩广说："我的母亲在赵地，不可这样做。"燕人说："赵国正西边担忧秦国，南边担忧楚国，它的力量无法禁止燕国立王。况且凭着楚国的强大，尚不敢杀害赵王及其将相的家属，赵国哪敢单单杀害将军的家属！"韩广认为是这样，于是自立为燕王。过了几个月，赵国将燕王的母亲和家属送归燕国。

【原文】

当此之时，诸将之徇地者，不可胜①数。周市北徇地至狄②，狄人田儋杀狄令③，自立为齐④王，以齐反击周市。市军散，还至魏地，欲立魏后故宁陵君咎为魏王⑤。时咎在陈王所⑥，不得之魏。魏地已定，欲相与立周市为魏王，周市不肯。使者五反⑦，陈王乃立宁陵君咎为魏王，遣之国⑧。周市卒⑨为相。

【注释】

①胜：尽，全部。②狄：县名，治所在今山东高青县东南。③田儋：原齐国国君田氏后裔，自立为齐王，占领齐地，旋即被秦将章邯攻杀。详见本书《田儋列传》。狄令：狄县县令。④齐：国名，周初分封的诸侯国，姜姓，始封君

吕尚，建都营丘，后称临淄（在今山东淄博市东北）。⑤宁陵：邑名，原属魏国，在今河南宁陵南。宁陵君：封号，因封于宁陵而得名。咎：原魏公室诸公子，被周市立为魏王，不久被秦将章邯领兵围困，自杀身亡。⑥陈王：指陈胜。所：处所，地方。⑦反：通『返』。⑧遣：遣送。遣之国：遣送魏咎到魏国。⑨卒：结果，终于。

【译文】

当这个时候，众将领到各处收地占城的，数不胜数。周市北上收取土地到达狄县，狄县人田儋杀死狄县县令，自己立为齐王，率领齐军反过来攻击周市。周市军队被打散，返回到达魏地，打算拥立魏国公室后裔原宁陵君咎为魏王。当时魏咎在陈王住地，没能前往魏地。魏地平定以后，将领们准备共同拥立周市为魏王，周市不肯。周市派使者经过五次往返，陈王才封立宁陵君咎为魏王，遣送他回国。周市结果任魏相。

【原文】

将军田臧等[①]相与谋曰：『周章军已破[②]矣，秦兵旦暮[③]至，我围荥阳城弗能下，秦军至，必大败。不如少遗[④]兵，足以守[⑤]荥阳，悉精兵[⑥]迎秦军。今假王骄，不知兵权[⑦]，不可与计，非[⑧]诛之，事恐败。』因相与矫[⑨]王令以诛吴叔，献其首于陈王。陈王使使赐田臧楚令尹[⑩]印，使为上将。田臧乃使诸将李归等守荥阳城，自以精兵西迎秦军于敖仓[⑪]。与战，田臧死，军破。章邯进兵击李归等荥阳下，破之，李归等死。

【注释】

①将军田臧等：皆为随吴广西击荥阳的部将。②周章军：即周文的军队。破：败，溃败。③旦暮：早晚，指时间很短。④遗：留，留下。⑤守：守候，监视。⑥悉精兵：出动全部精锐兵力。⑦兵权：用兵权谋，用兵谋略。⑧非：

不。⑨矫：假使，诈称。⑩令尹：原楚国官名，相当于中原各国之相，为最高军政长官。陈胜即袭用楚制设立此职。

⑪敖仓：秦国重要粮仓，因设于敖山上而得名，在今河南郑州西北邙山上。

【译文】

将军田臧等在一起密谋说：『周章的军队已经溃败了，秦兵早晚就会来到，我们围攻荥阳不能攻下，那么秦兵一到，必定会大败。不如少许留下一部分兵力，便足以监守荥阳，集中其余所有精锐部队迎击秦军。如今假王吴广骄傲，不懂用兵谋略，无法和他商量。不诛杀他的话，事情恐怕会失败。』于是一起假托陈王命令来诛杀吴广，把他的首级献送给陈王。陈王派使者赐给田臧楚令尹的印，让他担任上将。田臧就派将领李归等监守荥阳城，自己率领精锐部队在敖仓迎击秦军。一交战，田臧战死，军队溃败。章邯进兵到荥阳城下攻击李归等，打败楚军，李归等人战死。

【原文】

阳城人邓说将兵居郯①，章邯别将②击破之，邓说军散走陈。铚人伍徐将兵居许③，章邯击破之，伍徐军皆散走陈。陈王诛邓说。

【注释】

①邓说：陈胜部将。郯：县名，治所在今山东郯城北。或以为『郯』系误字，当作『郏』。郏，县名，在今河南郏县。

②别将：偏将，裨将。此指由章邯统辖的其他各路将领。③伍徐：陈胜部将。许：县名，治所在今河南许昌东。

【译文】

阳城人邓说领兵占居郯县，章邯的偏将领兵击败他，邓说的部队溃散逃奔到陈。铚人伍徐领兵居住许县，章邯领兵击败他，伍徐的部队全都溃散逃奔陈地。陈王诛杀邓说。

【原文】

陈王初立时，陵人秦嘉①、铚人董绁②、符离人朱鸡石、取虑③人郑布、徐人丁疾等皆特④起，将兵围东海⑤守庆于郯。陈王闻，乃使武平君畔⑥为将军，监郯下军⑦。秦嘉不受命，嘉自立为大司马⑧，恶⑨属武平君。告军吏⑩曰：『武平君年少，不知兵事，勿听！』因矫以王命杀武平君畔。

【注释】

①陵：《汉书·陈胜传》作『凌』，县名，治所在今江苏宿迁市东南。按《项羽本纪》《集解》所引《陈涉世家》作『广陵』（在今江苏扬州西北）。秦嘉：后拥立景驹为楚王，遭项梁军攻击，战死。②董绁：陈胜部将。③取虑：县名，治所在今江苏睢宁西南。④徐：县名，治所在今安徽泗县东南。特：单独，独自。⑤东海：郡名，治所在郯，也称郯郡，辖境约当今山东、江苏交界的部分地区。⑥武平君：封号。畔：人名。⑦郯下军：指郯县城下的军队，包括秦嘉、董绁、朱鸡石、郑布、丁疾等各部。⑧大司马：官名，执掌军事的高级武官。战国时代的楚、宋等曾设此职。⑨恶：厌恶，憎恨。⑩军吏：军中官吏，负责传达命令、执行法纪。

【译文】

陈王初立为王时，陵人秦嘉、铚人董绁、符离人朱鸡石、取虑人郑布、徐人丁疾等都各自起兵，率部在郯县围攻东海郡守庆。陈王闻知此事，就派武平君畔担任将军，监领郯县城下军队。秦嘉不接受陈王命令，他自己封立为大司马，憎恶隶属于武平君。他告诉军吏说：『武平君年轻，不懂军事，不要听他的！』于是假托陈王命令杀死武平君畔。

【原文】

章邯已破伍徐，击陈，柱国房君[1]死。章邯又进兵击陈西张贺[2]军。陈王出监战，军破，张贺死。

【注释】

①柱国房君：即上柱国房君蔡赐。②张贺：陈胜部将。

【译文】

章邯击败伍徐后，攻击陈县，上柱国房君蔡赐战死。章邯又进兵攻击陈县西面张贺军队。陈王出城督战，军队溃败，张贺战死。

【原文】

腊月[1]，陈王之汝阴，还至下城父[2]，其御[3]庄贾杀以降秦。陈胜葬砀[4]，谥[5]曰隐王。

【注释】

①腊月：十二月。②还：通「旋」，旋即，不久。下城父：乡聚名，在今安徽涡阳东南，因地近古城父县（今安徽亳县东南）得名。③御：驭手，驾车人。④砀：县名，治所在今河南永城北。⑤谥：古代有地位的人去世，后人根据其生平行迹所起含有褒贬意义的称号。

【译文】

十二月，陈王前往汝阴，旋即到达下城父，他的车夫庄贾杀死陈王向秦军投降。陈胜葬在砀县，谥号为隐王。

【原文】

陈王故涓人将军吕臣为仓头军[1]，起新阳[2]，攻陈下之，杀庄贾，复以陈为楚[3]。

【注释】

①涓人：官名，负责帝王住所的打扫清洁，为帝王亲近侍臣。吕臣：后随父吕青归属楚怀王熊心，被委任为司徒。公元前202年又随父归汉，封阳信侯，卒于公元前174年，谥顷。仓头军：亦作『苍头军』，以青巾裹头的军队。②新阳：县名，治所在今安徽太和县西北。③复：再，又。以陈为楚：将陈县作为楚地，即将陈归属张楚政权。

【译文】

陈王原来的涓人将军吕臣组建仓头军，在新阳县起兵，进攻陈县，攻克县城，杀死庄贾，重新以陈县作为楚地。

【原文】

初，陈王至陈，令铚人宋留将兵定南阳[1]，入武关[2]。留已徇南阳，闻陈王死，南阳复为秦。宋留不能入武关，乃东至新蔡[3]，遇秦军，宋留以军降秦。秦传留至咸阳[4]，车裂留以徇[5]。

【注释】

①南阳：郡名，治所在宛县（今河南南阳市），辖境约当今河南及湖北西北部分地区。②武关：在今陕西商县东，为进入关中重要关口之一。③新蔡：县名，治所在今河南新蔡。④传：驿站车马。此指用驿站车马押送。咸阳：秦国国都，在今陕西咸阳东北。⑤车裂：酷刑名，亦称『轘』『轘裂』，即五马分尸。将犯人的头和四肢分别拴在五辆车上，以五马驾车，同时驱赶，撕裂犯人身体。徇：这里是示众的意思。

【译文】

当初，陈王到达陈县，命令铚人宋留领兵平定南阳，进入武关。宋留收取南阳后，听说陈王已死，南阳重新归属秦朝。宋留无法进入武关，于是东进到达新蔡，遇到秦军，宋留率军投降秦军。秦人用驿站车马把宋留解送到咸阳，将宋留处以五马分尸的酷刑来示众。

【原文】

秦嘉等闻陈王军破出走，乃立景驹①为楚王，引兵之方与②，欲击秦军定陶③下。使公孙庆④使齐王，欲与并力⑤俱进。齐王曰：『闻陈王战败，不知其死生，楚安得不请而立王⑥！』公孙庆曰：『齐不请楚而立王，楚何故请齐而立王！且楚首事⑦，当令于天下。』田儋诛杀公孙庆。

【注释】

①景驹：原楚国贵族景氏后裔，氏景，名驹。②引：领，率领。方与：县名，治所在今山东鱼台北。③定陶：县名，治所在今山东定陶。④公孙庆：楚王景驹属臣。⑤并力：合力，通力。⑥安得：怎么能，哪能。请：请命，请示。⑦首事：首先举事，首先起义。

【译文】

秦嘉等人听说陈王军队战败出陈逃奔，于是拥立景驹为楚王，领兵前往方与，打算在定陶城下攻击秦军。楚王派遣公孙庆为使者出使齐王，想和他合力一道进兵。齐王说：『听说陈王战败，不知他的生死下落，楚人怎能不来请示而自立为王！』公孙庆说：『齐王不请示楚王而自立为王，楚王何故要请示齐王而封立为王！况且楚人首先起事，应当号令天下。』田儋诛杀公孙庆。

【原文】

秦左右校[1]复攻陈，下之。吕将军走，收兵复聚。鄱盗当阳君黥布之兵相收[2]，复击秦左右校，破之青波[3]，复以陈为楚。会项梁立怀王孙心为楚王。

【注释】

①左右校：左右校尉，武官名。此指左右校尉所率军队。或谓『左右校』为管理服劳役刑徒的官名。②鄱：县名，治所在今江西波阳东。当阳君：封号，系后来项梁所封，此为追述之辞。当阳，县名，治所在今湖北当阳。收：收容，接纳。相收：互相联合。③青波：亦作清陂，地名，在今河南新蔡西南。

【译文】

秦朝左右校部又进攻陈县，攻占县城。吕将军逃跑，收拾部众重新聚集。鄱县强盗当阳君黥布的军队与吕臣部联合，又进攻秦左右校部，在青波击败秦军，重新以陈县为楚地。恰好这时项梁拥立楚怀王的孙子熊心为楚王。

【原文】

陈胜王凡[1]六月。已为王，王陈。其故人尝与庸耕者闻之[2]，之陈，扣[3]宫门曰：『吾欲见涉。』宫门令[4]欲缚之。自辩数[5]，乃置[6]，不肯为通[7]。陈王出，遮道而呼涉。陈王闻之，乃召见，载与俱归。入宫，见殿屋帷帐，客曰：『夥颐[8]！涉之为王沈沈[9]者！』楚人谓多为夥，故天下传之，夥涉为王，由陈涉始。客出入愈益发舒[10]，言陈王故情[11]。或说[12]陈王曰：『客愚无知，颛妄言[13]，轻威[14]。』陈王斩之。诸陈王故人皆自引去[15]，由是[16]无亲陈王者。陈王以朱房为中正⑰，胡武为司过⑱，主司⑲群臣。诸将徇地，至，令之不是者⑳，系而罪之，以苛察㉑为忠。其所不善者㉒，弗下吏㉓，辄自治之㉔。陈王信用之。诸将以其故不亲附，此其所以败也。

【注释】

①凡：总共。②故：旧人，老友。闻：听，听说。③扣：敲。④宫门令：官名，守卫宫门的长官。⑤自辩数：自我辩解多次。⑥乃：才。置：放，放开。⑦通：通报，传话。⑧夥：多。为楚地方言。颐：感叹词。⑨沈沈：宫殿宇舍深邃的样子。⑩愈益：愈加，更加。发舒：放纵，放肆。⑪故情：旧日的情形。⑫说：劝说。⑬颛：通「专」，专门。妄言：胡说，乱说。⑭轻威：减轻威严，有损威严。⑮引：引退。去：离去，离开。⑯由：自从。是：这，此。⑰中正：官名，执掌官吏的考核升降。⑱司过：官名，执掌弹劾纠察官吏的过失。⑲主司：主管，负责管理。⑳令之不是者：即「不是令者」，指不听从朱房、胡武指令的将领。㉑苛察：苛刻详察。㉒其所不善者：指朱房、胡武所不亲善的人。㉓弗：不。下吏：下交执法官吏。㉔辄：即，就。自治：自己处治。

【译文】

陈胜称王前后总共六个月。他为王后，居住在陈。他的旧友中有个曾经一起受雇耕田的人听说此讯，来到陈，敲打宫门说：「我要见陈涉。」宫门令想把他捆绑起来。那人自己辩解多次，才放开，但宫门令不肯替他通报。陈王出门，那人拦路呼喊陈涉的名字。陈涉听到喊声，于是下令召见，用车载他一起回归。进入宫殿，看到殿宇房舍、帷幔帐幄，客人说：「夥颐！陈涉当了王，房子真高大深沉啊！」楚地人把「多」说成「夥」，所以天下流传「夥涉为王」这句话，那是从陈涉开始的。客人出入宫殿愈来愈放纵无忌，随意谈说陈王旧日的情形。有人劝说陈王道：

『客人愚昧无知，专门胡言乱语，有损大王威严。』陈王下令斩了客人。其他陈王的旧友都自动引退离去，从此没有亲近陈王的人了。陈王任命朱房为中正，胡武为司过，负责监视群臣。众将领外出收取土地，回来到陈，凡是不服从朱房、胡武命令的，就抓起来治罪，以苛刻详察作为忠诚。二人所不喜欢的，不交付司法官吏审理，就擅自处治。陈王信任重用他们。众将领因为这个缘故不再亲近依附他，这就是陈王失败的原因。

【原文】

陈胜虽已死，其所置遣侯王将相竟亡秦，由涉首事也。高祖时为陈涉置守冢①三十家砀，至今血食②。

【注释】

①置：设置，安置。守冢：看守坟墓。②血食：享受祭祀。祭祀必斩杀牲口作为供品，故称『血食』。

【译文】

陈胜尽管已经死去，但他安置派遣的侯王将相最后灭亡了秦朝，是由于陈涉首先举事的缘故。汉高祖时替陈涉在砀设置了看守坟墓的三十户人家，直至今日仍享受祭祀。

【原文】

褚先生①曰：地形险阻，所以为固②也；兵革③刑法，所以为治也。犹未足恃④也。夫先王以仁义为本，而以固塞文法⑤为枝叶，岂不然哉！吾闻贾生⑥之称曰：

【注释】

①褚先生：即褚少孙，『先生』为对人的敬称。颍川（今河南禹县）人，以贤良文学而任侍郎。汉元帝、成帝

时为博士。一说为宣帝时博士。喜好司马迁《史记》，进行续补。本篇从此以下文字，即系褚少孙续补。②固：坚固，巩固。③兵：兵器，武器。革：革制的甲盾。④恃：依靠，依仗。⑤固塞：险固要塞。文法：律令法规。⑥贾生：即贾谊，『生』为当时对文人的称呼。

【译文】

褚先生说：地理形势险要阻隘，是固守边防的条件；军队武器、刑律法令，是治理国家的手段。但还不足以依赖。先王把仁义作为根本，而将险固要塞、法律条文作为枝叶，难道不是这个道理吗！我听说贾生评论道：

【原文】

『秦孝公据殽函①之固，拥雍州②之地，君臣固守，以窥周室③。有席卷④天下，包举宇内⑤，囊括四海⑥之意，并吞八荒⑦之心。当是时也，商君⑧佐之，内立法度，务耕织，修守战之备；外连衡而斗诸侯⑨。于是秦人拱手而取西河⑩之外。

【注释】

①殽：亦作『崤』，山名，在河南省西部，是秦国和中原之间的天然屏障。函：指函谷关。②雍州：古九州之一。此指秦国当时统辖地区，约当今陕西中部、甘肃东南部。③窥：窥视，觊觎，谓窥伺可乘之隙。周室：周王室，此指统治天下的王权。④席卷：像席子一样卷起。⑤包举：像布包一样裹取。宇：空间。《淮南子·齐俗训》：『四方上下谓之宇。』⑥囊括：像口袋一样装入。四海：古人认为中国四周有海环绕，故以四海指代天下。⑦八荒：八方荒远之地。《说苑·辨物》：『八荒之内有四海，四海之内有九州。』⑧商君：即商鞅⑨连衡：亦作『连横』，

战国时期纵横家所提出的处理各国间关系的一种策略，以张仪为代表。指东方的齐、楚、燕、韩、赵、魏等国中的某国或某几国与西方的秦国联合，去进攻其他国家。在地理上，呈现为东西联合，古人以东西为横，故称连横。斗诸侯：使关东诸侯争斗。「斗」在此作使动用法。⑩拱手：两手合抱。喻不费气力。西河：地区名，相当今陕西东部黄河西岸之地。原属魏国，魏在此设西河郡，公元前 330 年入秦。

【译文】

「秦孝公占据殽山、函谷关的牢固天险，拥有雍州的地域，君臣坚守，来觊觎周室王权。怀有席卷天下，夺取中原，统一四海的意志，吞并域外八方的雄心。当这时候，商君辅佐孝公，在内建立法律制度，致力耕田织布，作好防守攻战的准备；对外推行连横政策而让诸侯自相争斗。于是秦人拱着手毫不费力就取得西河以外的地方。

【原文】

「孝公既没，惠文王①、武王②、昭王蒙故业③，因遗策④，南取汉中⑤，西举巴蜀⑥，东割膏腴⑦之地，收要害之郡⑧。诸侯恐惧，会盟而谋弱秦。不爱珍器重宝肥饶之地，以致天下之士。合从缔交⑨，相与为一⑩。当此之时，齐有孟尝⑪，赵有平原⑫，楚有春申⑬，魏有信陵⑭：此四君者，皆明知而忠信，宽厚而爱人，尊贤而重士。约从连衡⑮，兼韩、魏、燕、赵、宋⑯、卫⑰、中山⑱之众。于是六国之士有宁越⑲、徐尚⑳、苏秦㉑、杜赫㉒之属为之谋，齐明㉓、周鐻㉔、陈轸㉕、邵滑㉖、楼缓㉗、翟景㉘、苏厉㉙、乐毅㉚之徒通其意，吴起㉛、孙膑㉜、带他㉝、儿良㉞、王廖㉟、田忌㊱、廉颇㊲、赵奢之伦制其兵㊳。尝以什倍㊴之地，百万之师，仰关㊵而攻秦。秦人开关而延㊶敌，九国㊷之师遁逃而不敢进。秦无亡矢遗镞之费㊸，而天下固已困矣。于是从散约败，争割地而赂㊹秦。秦有余力而制其弊，追亡逐北㊺，伏尸百万，流血漂橹[46]，因利乘便，宰割天下，分裂山河，强国请服[47]，弱国入朝。

【注释】

①惠文王：名驷，秦孝公之子，公元前337年至前311年在位。详见本书《秦本纪》。②武王：名荡，秦惠文王之子，公元前310年至前307年在位。详见本书《秦本纪》。③昭王：即秦昭襄王，名稷（一作「侧」），秦武王的异母弟，公元前306年至前251年在位。详见本书《秦本纪》。蒙：承，承受。故业：旧业，此指先人的事业。④因：因循，遵循。遗策：遗留的策略。⑤汉中：地区名，汉水上游，约相当于今陕西南部及湖北西北部。⑥巴：国名，建都于巴（今四川重庆嘉陵江北岸），辖境相当今四川东部、湖北西部地区，公元前316年被秦惠王派兵攻取，置巴郡。蜀：国名，建都于成都（今四川成都），辖境相当今四川中西部，公元前316年被秦惠王派兵攻取，置蜀郡。⑦膏腴：肥美。此形容土地肥沃。⑧要害：险要，比喻地当敌冲，形势险要。「收要害之郡」，或本于「收」前多一「北」字。⑨合从：亦作「合纵」，指东方各国联合对付秦国。这是与「连横」相对的一种策略。缔交：缔约交好。⑩相与为一：相互联合成为一个整体，即团结一致。⑪孟尝：即田文，齐国大臣田婴之子。⑫平原：即赵胜，赵惠王之弟，封于东武城（今山东武城西北），号平原君。⑬春申：即黄歇。⑭信陵：即魏无忌，魏安釐王之弟，号信陵君。⑮连衡：本书《秦始皇本纪》和《文选》均作「离衡」，指离散东方各国对付秦国的连横。⑯宋：国名，子姓，开国君主为商纣王的庶兄微子启，西周初周公平定武庚反叛后所封，都商丘（今河南商丘南），辖有今河南东部和山东、江苏、安徽间地。公元前286年被齐国所灭。⑰卫：国名，姬姓，始封君为周武王之弟康叔，西周初周公平定武庚反叛后所封，建都朝歌（今河南淇县），公元前660年迁都楚丘（今河南滑县），后又迁至帝丘（今河南濮阳）。

公元前254年为魏所灭。⑱中山：国名，春秋时白狄别族所建，又称鲜虞，在今河北正定东北。战国初建都于顾（今河北定县）。公元前406年被魏攻灭。不久复国，建都灵寿（今河北平山东北）。公元前296年被赵国所灭。⑲宁越：战国初期赵国中年（今河南鹤壁市西）人，谋士。⑳徐尚：或谓即《魏世家》所载劝阻魏太子申伐齐的徐子，为宋国外黄（今河南民权西北）人。㉑苏秦：战国东周洛阳（今河南洛阳东）人，字季子。奉燕昭王之命入齐，从事反间活动。齐湣王时任齐相，被赵封为武安君，和赵李兑约五国攻秦。后其反间身份暴露，被车裂而死。详见本书《苏秦列传》。㉒杜赫：战国东周人，曾以安天下之道说周昭文君，曾活动于齐、楚、韩等国。㉓齐明：或谓齐人，东周臣，曾活动于齐、楚、赵、韩等国。㉔周鐻：或作『周最』。东周武公之子，仕齐。㉕陈轸：夏（今山西夏县）人，或谓楚人，游说之士，历仕楚、秦等国。㉖邵滑：或作『劭滑』『昭滑』『召滑』『卓滑』『淖滑』，楚国大臣。㉗楼缓：或谓即魏文侯之弟，曾任魏相。㉘翟景：或谓翟强，曾任魏相。㉙苏厉：苏秦之弟，曾游说活动于东周、西周、楚、燕、赵、魏等国。㉚乐毅：中山国灵寿（今河北平山东北）人，乐羊后裔。燕昭王时任亚卿，因战功封昌国（今山东淄博市东南），号昌国君。燕惠王时出奔赵国，封于观津（今河北武邑东南），号望诸君。详见本书《乐毅列传》。㉛吴起：卫国左氏（今山东曹县北）人。初为鲁将。后任魏将，屡立战功，魏文侯时任西河守。魏文侯死后，逃奔楚国，任楚悼王时令尹，进行变法，促使楚国富强。楚悼王死，被贵族大臣杀害。详见本书《吴起列传》。㉜孙膑：齐国阿（今山东阳谷东北）人，孙吴后裔。曾与庞涓同学兵法。庞涓任魏将，忌其才能，骗他到魏，处以膑刑（挖去膝盖骨）。后被齐国使者秘密送出，任齐威王军师，先后指挥桂陵之战和马陵之战，大败魏军。有兵法传世。1974年山东临沂银雀山出土《孙膑兵法》。详见本书《孙子列传》。㉝带他：亦作『带佗』，又称『带季』，或谓即宫佗，为战国时魏将。㉞儿良：战国赵将，曾有兵书传世，《汉书·艺文志》兵权谋家著录《儿良》一篇。《吕氏春秋·不二》云：「儿良贵后。」儿良用兵善于后发制人。㉟王廖：战国魏将。《吕氏春秋·不二》云：「王廖贵先」，谓其用兵主张先发制人。㊱田忌：或作「田期」「田期思」，战国初齐将，封于徐州（今山东藤县南），又称徐州子期，率军先后在桂陵、马陵大败魏军。后遭齐相邹忌诬害，一度奔楚，受封于江南。㊲廉颇：战国后期赵将。㊳赵奢：战国后期赵将，初任赵田部吏，掌管国赋。后任将，公元前270年在阏与（今山西和顺）大败秦军，被封为马服君。详见本书《廉颇列传》。伦：类，辈。制：统制，统领。㊴什倍：十倍。此指十倍于秦，即是秦的十倍。㊵仰关：或作「叩关」，指兵临函谷关。因关在高处，故称仰关。㊶延：延请，延纳。㊷九国：指齐、楚、韩、魏、燕、赵、宋、卫、中山等九国。㊸亡：失，丢失。矢：箭。遗：亡失。镞：箭头。㊹赂：贿赂，赠送财物。㊺亡：逃亡，逃跑。北：败，败逃。㊻橹：大盾牌。㊼请服：请求臣服。

【译文】

「秦孝公死后，秦惠文王、秦武王、秦昭王继承孝公的事业，遵循遗传的策略，南面取得汉中，西面攻占巴国、蜀国，东面割取肥沃的地域，接收险要的州郡。诸侯惊恐惧怕，集会结盟而商量削弱秦国。不惜珍奇的器物、贵重的宝贝和肥田沃土，来招致天下的士人。合纵抗秦缔约交好，团结一致。当这时候，齐国有孟尝君，赵国有平原君，楚国有春申君，魏国有信陵君：这四位君子，都明智聪慧而忠诚有信，宽容厚道而爱护人民，尊崇贤才而敬重士人。缔结合纵的联盟，瓦解连横的阵线，联络韩国、魏国、燕国、赵国、宋国、卫国、中山国等众多国家。在这时候，东方六国的士人有宁越、徐尚、苏秦、杜赫之流为之出谋划策，齐明、周镳、陈轸、邵滑、楼缓、翟景、苏厉、乐毅之辈沟通他们的意见，吴起、孙膑、带他、儿良、王廖、田忌、廉颇、赵奢之类统领他们的军队。诸侯曾经用十倍于秦国的土地，百万的军队，兵临函谷关而进攻秦国。秦人打开关门而引纳敌军，九国的军队仓皇逃遁而不敢前进。秦国没有损失一支箭、一个箭头的耗费，可天下的诸侯却已陷入困境了。于是合纵离散，盟约破坏，诸侯争相割地而贿赂秦国。秦国有足够的力量来利用诸侯的弊端，追逐逃兵败将，杀得倒伏的尸体有上百万，流注的血能够漂起硕大的盾牌，趁借便利形势，宰割天下土地，瓜分诸侯山河，强国请求臣服，弱国投降入朝。

【原文】

『施及孝文王①、庄襄王②，享国之日浅③，国家无事④。

【注释】

①施：延，延续。孝文王：名柱，秦昭襄王之子，初封安国君，公元前250年在位。详见本书《秦本纪》。②庄襄王：原名异人，后名楚，亦称子楚，秦孝王文之子，公元前249年至前247年在位。详见本书《秦本纪》。③享国：享有国家，指国君在位。日浅：日短，时间短。④无事：没有重大事件。

【译文】

『延续到秦孝文王、秦庄襄王，他们在位的时间短促，国家没有重大事件。

【原文】

『及至始皇，奋六世之余烈①，振长策而御宇内②，吞二周③而亡诸侯，履至尊而制六合④，执敲朴⑤以鞭笞天下，威振四海。南取百越⑥之地，以为桂林⑦、象郡⑧，百越之君俯首系颈⑨，委命下吏⑩。乃使蒙恬北筑长城而守藩篱⑪，却匈奴⑫七百余里，胡人不敢南下而牧马，士亦不敢贯弓⑬而报怨。于是废先王之道⑭，燔百家之言⑮，以愚黔首⑯。堕⑰名城，杀豪俊，收天下之兵聚之咸阳，销锋镝⑱，铸以为金人⑲十二，以弱天下之民。然后践华为城⑳，因河为池㉑，据亿㉒丈之城，临不测之溪㉓以为固。良将劲弩，守要害之处，信臣精卒，陈利兵而谁何㉔。天下已定，始皇之心，自以为关中之固，金城千里，子孙帝王万世之业也。

【注释】

①六世：六代，指秦孝公、惠文王、武王、昭襄王、孝文王、庄襄王六位国君。余：多余，丰饶。②振：举。策：马鞭。御：驾驭，比喻控制。③二周：指东周和西周。④履：踏，登。至尊：至高无上。此指皇位。六合：天地四方。此指天下。⑤敲：短杖。朴：刑杖。⑥百越：指先秦时代分布于长江中下游以南地区的越族，因部落众多，故称百越，也称百粤。⑦桂林：郡名，秦始皇三十三年（公元前214年）置，治所在今广西桂平西南，辖境约当今广西都阳山、大明山以东，九万大山、越城岭以南地区及广东肇庆至茂名一带。⑧象郡：秦始皇三十三年（公元前214年）置，治所在临尘（今广西崇左市境），或谓在象林（今越南维川南茶桥），辖境约当今广西西部、广东西南部、贵州南部一带。⑨俯首系颈：低下头，并将绳索套在脖子上。这是古代表示投降的礼节。⑩委命：托命，交出性命。此指归顺听命。下吏：下面的官吏。⑪蒙恬：齐人后裔，秦将蒙骜之孙。曾为将大破齐兵，升任内史。秦统一六国后，领三十万大军北伐匈奴，收复河南之地（今内蒙古河套一带），并修筑长城，西起临洮（今甘肃岷县），东至辽东（今辽宁东南），延伸万余里，长期守卫北部边疆。公元前210年，受赵高陷害而自杀。详见本书《蒙恬列传》。藩篱：用竹木编成的篱笆或围栅。此指边境。⑫却：退，退却。匈奴：当时活动于北方的游牧部族，也称胡。⑬贯：通『弯』。

贯弓：拉满弓。⑭先王之道：指所谓夏禹、商汤、周文武的治国之道。实际上是当时儒家的政治主张。⑮燔：烧，焚毁。百家：指法家以外的诸子各家。燔百家之言：公元前213年，秦始皇接受李斯蠲除『文学诗书百家语』的建议，下令收毁民间除医药卜筮种树之外的书籍。⑯黔：黑色。黔首：原意为用黑布包头。这是无爵平民的头饰，因指称普通百姓。⑰堕：通『隳』，毁坏。⑱销：销熔，熔化金属。锋：锋刃。此泛指武器。瀽：通『镝』，箭镞，箭头。⑲金人：铜人。⑳践：通『剪』，斩断，截断。本书《秦始皇本纪》作『斩』。华：华山，在今陕西省东部。城：城墙。㉑因：凭借，借用。池：护城河。㉒亿：古时以十万为亿。㉓不测：无法测量，极言其深。溪：山间的河沟。㉔谁何：诘问，盘问稽查。

【译文】

『等到秦始皇这一代，振兴六代君王的丰功伟业，挥舞长鞭而驾驭中原，吞并东、西二周而灭亡诸侯列国，登上天子宝座而统治上下四方，手持刑杖来鞭打天下臣民，威震四海。南下夺取百越领地，以此建置桂林郡、象郡，百越部族的君主屈膝俯身、颈上套着绳索，把性命交付给秦朝官吏处置。秦始皇于是派遣蒙恬在北方修筑长城而守卫边疆，使匈奴退却七百多里，胡人从此不敢南下牧马，骑士也不敢挽弓搭箭来报仇泄恨。到这时秦始皇废弃夏商周三代的先王之道，焚毁诸子百家的文献典籍，来让人民愚昧无知。夷平各地古都名城，屠杀英雄豪杰，收缴天下的武器集中到咸阳，销熔锋刃箭镞，铸造成十二尊铜人，来削弱天下百姓的反抗力量。然后截断华山作为城墙，利用黄河作为城壕，依仗亿丈高城，面临无底深渊，以此作为坚固屏障。派出优秀将领配备强弓劲弩，把守要害地方，让可信的大臣率领精兵锐卒，拿着锋利的兵器盘问检查过往行人。天下平定以后，秦始皇的心思，自以为关中的坚固，有如千里金城，是子子孙孙称帝称王万代相传的基业。

【原文】

『始皇既没，余威振于殊俗①。然而陈涉瓮牖绳枢②之子，甿③隶之人，而迁徙之徒也。材能不及中人，非有仲尼④、墨翟⑤之贤，陶朱⑥、猗顿⑦之富也。蹑足行伍之间⑧，俯仰仟佰⑨之中，率罢⑩散之卒，将数百之众，转而攻秦。斩木为兵，揭竿为旗，天下云会响应，赢粮而景从⑪，山东⑫豪俊遂并起而亡秦族矣。

【注释】

①殊俗：不同习俗，此指习俗不同的异域他乡。②瓮：陶制容器。牖：窗，窗户。枢：门户的转轴。瓮牖绳枢：用破瓮当窗户，用绳索拴门轴。形容住宅简陋。③甿：种田人，农民。『隶』，奴隶。『甿隶』，隶农，雇农。④仲尼：即孔子。⑤墨翟：即墨子，名翟，相传原为宋国人，后长期住在鲁国，聚徒讲学，创立与儒家相对立的墨家学派。有《墨子》一书传世，集中保存了墨子及墨家学派的主要思想。⑥陶朱：即范蠡。⑦猗顿：战国时大商人。一说以经营河东盐池发财致富。一说原为鲁人，受到陶朱公指点，到猗氏（今山西临猗南）繁养牛羊，十年后成为巨富，因称猗顿。⑧蹑：踩，踏。蹑足：踏脚，行走。行伍：队伍行列，指军队。⑨俯仰：俯仰身体，指从事农活。仟佰：通『阡陌』，田间小路。此指田坎。⑩罢：通『疲』，疲乏。⑪赢：装，带。景：通『影』。景从：影子跟随物体。⑫山东：地区名，指殽山以东，即旧六国之地。

【译文】

『秦始皇死后，余威还震慑着异域他乡。然而陈涉只不过是个出身破屋陋室的贫民子弟，受雇耕田的穷人，发配流浪的役徒，才能及不上一般人，没有仲尼、墨翟的贤能，陶朱、猗顿的财富，行进在戍卒行列之间，劳作在田野阡陌之中，统率疲惫散漫的戍卒，带领几百部众，转过头来进攻秦朝。砍下树木当作兵器，举起竹竿作为旗帜，天下百姓像云朵那样汇集，像回声那样响应，背着干粮如同影子一样追随跟从，山东各国英雄豪杰接着同时起来而灭亡了秦皇家族。

【原文】

「且天下非小弱①也；雍州之地，殽函之固自若②也。陈涉之位，非尊于齐、楚、燕、赵、韩、魏、宋、卫、中山之君也；鉏耰棘矜③，非铦于句戟长铩④也；適戍之众，非俦⑤于九国之师也；深谋远虑，行军用兵之道，非及乡⑥时之士也。然而成败异变，功业相反也。尝试使山东之国与陈涉度长絜大⑦，比权量力⑧，则不可同年而语⑨矣。然而秦以区区⑩之地，致万乘之权，抑八州而朝同列⑪，百有余年矣。然后以六合为家，殽函为宫。一夫作难而七庙⑫堕，身死人手⑬，为天下笑者，何也？仁义不施，而攻守之势异也。」

【注释】

①且：而且。连词，表示进一层。小弱：此用作动词，变小变弱的意思。②自若：自如，照旧。③鉏：锄头。耰：一种形尺如头用来碎土平地的农具。棘：通『戟』。矜：通『矡』，矛柄。棘矜：戟柄。④铦：利，锋利。句戟：兵器名，亦作『钩戟』『钩棘』。铩：铍，大矛。⑤俦：同类，匹配。⑥乡：通『向』，过去，从前。⑦度：量，计算。絜：原指用绳子测量圆筒形物体的周长，此引申为度量、衡量。⑧权：权威，权势。力：力量。⑨同年而语：意即同日而语。⑩区区：小，少。⑪抑：抑制，控制。八州：指九州中除秦所据雍州之外的冀州、兖州、青州、徐州、扬州、荆州、

豫州、梁州。此泛指秦以外的其他各国。同列：同位，指地位与秦相当的各国诸侯。朝同列：让各国诸侯来朝见。⑫七庙：指天子宗庙。古代只有天子才能建立七庙。⑬身死人手：指秦二世、子婴先后死于赵高、项羽之手。

【译文】

『况且当时秦的天下并没有缩小减弱；雍州的地理，殽山、函谷关的险固依然照旧。陈涉的地位，并不比齐、楚、燕、赵、韩、魏、宋、卫、中山各国的君主尊贵；锄耙、戟柄，并不比钩戟、长矛锋利；发配戍边的民众，不能同东方九国的军队相比；他们的深谋远虑，行军作战的方略，比不上六国旧时的谋士。然而结果的成败迥然不同，建立的功业截然相反。试让山东各国与陈涉比较长短、大小，衡量权势、力量，那简直就是不可同日而语了。然而秦国凭着区区雍州之地，达到了万乘强国的权势，控制其他八州而让地位相同的诸侯前来朝拜，有一百多年了。然后又以天下为家，以殽山、函谷关拱卫宫殿。匹夫一人发难而祖宗七庙毁为瓦砾，子孙先后死于他人之手，被普天下所耻笑，什么原因呢？是因为不施仁义，所以造成进攻防守的形势与从前完全不同。』